わっしょい！妊婦

TITLE MATCH

イラストレーション　杉山真依子
ブックデザイン　鈴木成一デザイン室

RING CALL

突然、炎のごとく

子どもを産む気なんて、ぜーんぜん、なかった。

だってほら、子育てって、ものすごく大変そうだし。

仕事だって楽しいし。

私みたいに明らかに〝ママタイプ〟じゃない女が子どもなんか持っちゃったら後悔しそうだし。お金だってかかるし、世の中物騒なことだらけだし、今の日本の社会が子育てに向いているとは到底思えないし。子どもを持ったって、何一つ、いいことなんてなさそうだし。

今の時代に子を産むなんてバカげてる。

それに、産んだら仕事はどうするの？

子育てで仕事をリタイアした友達を見て「あんなふうにはなりたくない」って思っていたのは誰？　子育てに追われて遊びも夜更かしも一人旅もあきらめる、そんな人生、ちっとも羨ましくないいんじゃない？

だから、ほら、子どもなんて、ぜーんぜん、欲しくない。

そう、二十代の私は自分に言いわけし続けていた。

本当は人一倍、子どもが欲しかった。
ひとえに、母親になるのが怖かった。

三十五歳。仕事もある程度軌道に乗り、人生の先が見えてきた頃、ひょんなことから結婚した。結婚願望はまるでなかったが、三年付き合った男と「こいつな

どうも、「こいつ」こと夫です。ここでは私の目線から、妻が体験したできごとについて、その時感じたこと・考えたことをお伝えしてゆきます。夫

らやっていけるかも」と思い籍を入れた。

コロナ禍のため結婚式もなく、取り立てて気どった祝いもせず、凪《な》いだ気持ちのまま婚姻届を出した。これまでもこれからも、何も生活は変わらないだろうと思った。

ところがどっこい。

つがいになった途端、入道雲のようにむくむくと湧いてきたのは「子どもを持ちたい」という欲望だった。突然鳴り響くファンファーレのように、あるいは獰《どう》猛《もう》な獣のように、ある日突然「私、産みたいんだ」という感情がお腹の底から飛び出してきた。

この時私は三十五歳、夫は四十五歳だった。作ると決めたところで、できるかもわからないし、できたところで無事に産めるかもわからない。

産めたところで、子育てといういちどはじめてしまったら完走するまでリタイアできないマラソンを自分たち二人が走り切れるのか、現時点ではまるで定かではない。

それどころか、子どもが大きくなった頃、社会が、いや、地球全体がどうなっているかすらわからない。大人になった子どもが「この世に生まれてきてしあわせだった」と思えるかどうかすらわからない。

あらゆる不安材料が絶えずぼこぼこと頭に浮かんでくる中で、それでも産みたい衝動はごまかせなかった。地中から噴き出す間欠泉《かんけつせん》のように、キャッチャーのミットに突き刺さるストライクのように、欲望が私の体のど真ん中を貫いて、外へと開いていった。

それがどんな体験をこれから私にもたらすかなんて、知りもせずに。

ROUND 1

産む、産まない、できる、できない

0週

アマゾン神頼みか

まず子どもを作るにあたり、我々がしたことは夫の精子検査であった。

子作りを決意したカップルが取るスタンスは、運を天に任せる、もしくはあらゆる可能性を考慮したうえで綿密に計画を立てる。そのどちらか、あるいはその中間であるが、なんせ我々には時間がない。

差し当たっては、ひとまずどれくらい妊娠の可能性があるのか調べてみよう、ということになり、私のほうは最近受けた婦人科検診で問題がないとわかっていたので、スマホで簡単にできるという精子検査キットをアマゾンで購入した。

届いた検査キットはタバコの箱ぐらいの大きさで、中にプラスチックの容器とスポイトのようなものが入っていた。

容器に精子を出してスポイトで吸い、薄いガラス片に載せてスマホのカメラで撮影すると、拡大された精子が観察できる。それをアプリで解析することで、精子の元気度や奇形の割合を調べられるということだった。

きわめて事務的に、私は夫の射精を見守った。

いつも思うが、男の意味のない射精というものはかなり面白い。盛り上がるにつれ、ヒトの形がどんどん崩れて何かの象形にまで成り下がるような気がする。

夫が容器に射精したので、今度は出したものがサラサラの液体になるまで十五分待つ。ひと仕事終えたような気で寝落ちする寸前の夫を「ちょっと！　あと十五分で結果がわかるんだから我慢してよ！」と揺り起こしながら、途方もなく長く感じる十五分間を我々は待った。

十五分後、スポイトで液体を吸い込みプレパラートに載せる。アプリの調子が悪く、なかなか画面に映らない。

ヤキモキしながら何度も何度もやり直したあとで、ようやく画面の端っこのほうに、小魚のようにチラチラと動き回る小さな物体が見えた。

「いた！　本当に、いた！」

夫は初めてトトロに出会った時のサツキとメイのように、大喜びではしゃぎ回った。私も初めて見る夫の精子の姿に瞠目《どうもく》した。

画面の中の精子たちは元気そうにビビビと尻尾を振りながら動き回っている。これなら結果も良さそうだぞ。夫は意気揚々とスマホのボタンを押して精子のスクリーンショットを撮った。フラッシュが焚かれ、白い光が画面の中の精子をかき消す。

画像を送信し、しばらく待つと画面に結果が表示された。

濃度…30％
運動率…50％

夫は震える手で画面をスクロールし、説明を読んだ。

一般的に言って、濃度も運動率も低いため、自然妊娠はきわめて難しいでしょう、というようなことが書いてあった。スクロールするごとに、さっきまでサッキとメイだった夫のテンションがどんどん下がってゆく。

「俺、こんなに精子少ないの？」

私はさして驚かなかった。なんせ我々は一昔前ならいわゆるマル高、つまり高齢出産と呼ばれる年齢帯なのである。最初からうまくいくわけがない。

体感としては心当たりがなくとも、生物学的な現実はヒシヒシと我々を包み込み、生殖活動から締め出しつつある。流産や胎児の染色体異常の確率は高まり、

結果がどう出てもそこまで気にならないかと思っていましたが、実際はかなりショッキングなできごとでした。（夫）

精子は劣化し、妊娠しづらくなる。そのリスクをクリアしながら、これから我々は出産まで辿り着かねばならないのだ。

超えねばならないステージの多さに、私はまるで魔王の討伐に向かうドラクエのレベル1の勇者になったような気がしたが、それはさておき、ひとまず私がしなければならないのは魔王の討伐ではなく、目の前で落ち込んでいる夫を励ますことであった。

私は言った。

「まあ、これは簡易検査キットだし、きちんとした検査を受けたら違う結果が出るかもしれないから、病院に行ってきたら？」

夫は涙目で私に縋《すが》りついてきた。

「みゆきさん、それで本当に精子が少なかったら、俺のこと、捨てる？」

「すんごいの、出しときますから」

知らんがな。

という心の声はおくびにも出さず、私は冷静に「まあ不妊治療すればいいよ」と言った。一方、頭の後ろっかわでは「これは、ちょっと、長丁場になるかもなあ」とぼんやり考えていた。

仕方がない。人生のあらゆる可能性が交差して、今、このタイミングで子を作ることを決意したのは我々なのだ。「これより早く」も「これより遅く」もあり得ない。我々の子を作るのは我々しかおらず、たとえ冷蔵庫の中の食材が多少古かったところで、それで出来得る最高に美味しい料理を我々はこれから作ろうとしているのだ。

もしがんばった結果だめだったとしたら、あきらめよう。他に人生の楽しみは色々あるし、我々は子どもがいなきゃ絶対にダメってタイプでもない。そんときゃそれが運命だ、と我々は半ば覚悟を決めた。

病院に予約を入れ（男性の不妊外来はとても！　とても混んでおり、三週間後にしか予約が取れなかった）、それまでそれ以外に何かできないか考えたところ、ふと思い出したのが、近所にある有名な漢方薬局だった。

ウェブサイトを見ると、「不妊で悩んでいましたが、ここの先生の調合した漢方を飲んで三ヶ月後に妊娠しました！」といった客の喜びの声が力強いフォントでたくさん掲載されていた。

ほんまかいな。

半信半疑のまま、私は夫を連れてその漢方薬屋のドアを叩いた。

出てきた店主はどこからどう見ても漢方薬屋にしか見えない、胡散臭い風貌のタヌキ顔のおじさんだった。なぜ、漢方薬屋のオヤジというのはたいていタヌキ顔なのだろう。ともかく、我々は椅子に座り、オヤジに要件を話した。

「妊娠・出産」という人生ステージで、パートナー男性を取り巻く環境はあまり整備されていないな、というのが私の感想です。（夫）

夫が涙目で精子検査アプリの画面を見せ「数値はこんな感じですが……」と言う。オヤジはさして興味がなさそうに画面を一瞥《いちべつ》すると、顔を上げ「あのね、どれだけ数値が低かろうと、当たるときゃ当たるし、できるときゃできるんですよ」と言ってニヤリと笑った。

ものすごーく、説得力があった。よくよく考えれば当たり前のことしか言っていない。だが、当たり前であるがゆえに、ものすごい説得力だった。

彼は席を立つと、隣の部屋で何やら薬を調合しはじめた。ガー、という機械の音だけが響く。しばらくするとオヤジは紙袋に包まれた謎の粉薬を持ってきて我々の前にドンと置き「この店でいっちばん、濃くてすんごいの、出しときますから」と言った。

すんごいのってどんなの?!

そう訊く余地もないほど自信に満ちた親父の態度に、我々はそれ以上の説明を求めることができなかった。聞いたところで我々が今、できることはその「すんごいの」を飲むことだけである。

ふと夫を見ると、まるで崇拝するような表情でオヤジを見つめていた。私は思った。人間、不安な時と締切が迫っている時ほど怪しげなものに縋ってしまうのだ、と。

がぜんわくわく、仕込み活動

それからしばらく、我々は「仕込み活動」をがんばった。あまりにも待ち遠しく、途方もなく長く感じられる日々だった。

我々の「仕込み」は生理周期アプリが示す排卵予定日に基づき行われていたが、一ヶ月にいちどの排卵日を示す卵型のマークに至るまでのカレンダーのマス目を私は日々、指折り数えた。

夫は私の顔を見るたび「妊娠してない？　なんか顔つきが違う気がする！」と

言った。

アプリが示す通りに我々は「仕込み」をがんばり、生理が近づくたび、来ないでくれ、来ないでくれ、と願った。

これまで来てくれ、来てくれ、としか願ったことがなかったのに、なんてゲンキンなのだろう、と自分でもおかしかったが、それに限らず、子どもを持つということを意識した途端、不思議なことにあらゆる物事に対する感じ方や、目に映るものががらりと変わりはじめた。

街を歩いていると、子どもがやたらと目に付く。少子化なのでそんなはずはないのに、街が子どもだらけに思えてくる。体調がほんのちょっぴり悪いだけで、妊娠したのではないかと色めき立つ。子ども服はここで買うのだな、とか、妊娠したら飲むサプリメントはこれか、とか、今まで見向きもしなかった店が急に目に飛び込んでくる。

曲の途中で新しい楽器が加わるように、日常の中にまだ見もしない我々の子どもの気配が混じりはじめる。

一ヶ月目に生理が来た時には、がっかりすることなんてない、と自分に言い聞かせながらがっかりした。

二ヶ月目には夫がとても落ち込んだ。

ちょうど三回目の「仕込み」の直前、私は「仕込み作業はアプリが割り出す排卵予定日より、頸管《けいかん》粘液を観察し、それに基づき行ったほうが良い」という情報をネットで見た。排卵直前になると子宮頸管から排出される頸管粘液（つまり、おりもの）がねばねばと濃くなり、それが出ると数日以内に排卵が起きる可能性が高い、とその記事には書いてあった。

それを聞いてから、私はトイレに入るたび、決して獲物を逃さないハンターのような目でショーツの表面を観察し、頸管粘液が出ていないか確認した。こんなに真面目に自分の体から排出されるものを眺めたのは、これが初めてだった。

数日後、いつものおりものとはちょっと違う、どろっとしたゼラチン状の体液が付着しているのを発見した。

これだ！

慌てて夫に大量のＬＩＮＥを送り、さっさと仕事から帰らせて「仕込み」をした。

仕込みの作業自体は、これまでもこの時も、大変陽気なものだった。セックスに目標が加わると、また別のビートが生まれ、リズムが湧く。夫も私も実験を行うような、あるいは自分たちが実験動物になったような気分でわくわくとことに及んだ。アプリが知らせる排卵日から四日後のことだった。

「当たるときゃ当たるんですよ」

なんだか生理、来ないなあ。

数日前から、私はひどくソワソワしていた。

初夏の日差しのせいか頭はぼうっとし、湿気のためか体は重く、熱かった。もしかすると、もしかして。早く知りたい気持ちと、がっかりを先送りしたい気持ちの後者がしばらくは勝った。三日間だらだらとためらって四日目、外出の途中に不意にぱん！　と誰かに尻をはたかれたように薬局に駆け込み、検査薬を購入し、近くの駅ビルのトイレに飛び込んだ。


細長い棒状の検査薬の先に、尿をかけて待つこと数十秒。

アルカリ性に反応して赤く変色するインクがもわもわと検査窓に染み出すのを、私は息を止めてじっと見つめた。

そのうち、微《かす》かに――ほんの、微かにだけど、陽性反応を示す四角い枠の真ん中に、縦線が浮き出してきた。そのまま徐々に、隣の「検査終了」の丸い枠までが赤く染まってゆく。

夕日のようにまんまるい赤と、まっすぐな縦線が、私の妊娠を告げていた。

インクの色が移ったように、私の胸の中にもなにか、赤くてあったかくてもわっとした、まだ形も手触りもない、けど確かな質量を持つ何かが広がってゆく。

大急ぎで夫に妊娠したことを告げると、夫は跳び上がって喜んだ。私の体の変化が、自分以外の他者を喜ばせることが不思議だった。

翌日、近くの産婦人科に行き、検査を受けた。先生は「まだ五週二日ですから、心拍は確認できませんが」と言いながら、四角いポラロイドのようなエコー写真をくれた。

白黒の不鮮明な画像の中にペン先をぎゅっと押し当てたような、小さな黒い点が見え、先生はそれが胎児になる前の「胚」だと言った。

夫 コロナ禍で、いちども妻と一緒に産婦人科に行けませんでした。エコーを見たりできなかったのは残念……。

漢方薬屋のオヤジは報告を受けてニヤッと笑うと、「だから言ったでしょ、当たるときゃ当たるんですよ」と言い、「妊娠中の体づくりのために、またすんごいの、出しときますから」と、どんと袋を目の前に置いた。

今となっては漢方のおかげなのかもわからないし、単に運が良かっただけかもしれない。どのような因果を踏まえてかはわからないが、ともかく確実に言えるのは、今、お腹の中に自分ではない別の生き物がいて、順調にゆけば約十ヶ月後に生まれてくるということだった。

人生で二度目の妊娠で、思い描いたようなびりびりとした高揚感はなかったが、エコーを見て他人に報告すると、静かに、夕方の浜に潮が満ちる速度で、身体じゅうにこれから起こるであろうことのさまざまな予感が満ちてきた。

何一つ確かなことがないこの世界で

子どもを欲しいと思うまでは、子どもができることで人生が変わってしまうことが怖かった。今は、その変化自体が嬉しかった。

とはいえまだまだお腹はぺたんこで、来る来る、と言われているつわりもなく、なんだかやたら眠いくらいで何も変化はない。

お腹に赤ちゃんがいますという実感も手触りも、何もない。気持ちはふわふわと、足首から先が蝶になったようでおぼつかない。目も耳も鼻も、妊娠したあとの世界に追いつかない。

まだ何もないのに、もう何かがはじまってしまっている。

そうだ、もうはじまってしまったのだ。

これからはじまる十月十日《とつきとおか》、またその先の泣いても笑っても一生負わねばならない途方もない時間の束が、エコー写真の中の今はまだ吹けば飛ぶような小さな点の中に、ぎゅうっと詰まっている。そう思うと、急に不安になった。

この時期は夫婦で「安心」「楽しさ」を得る時間が大事でした。夫

果たして、本当に無事に産めるのだろうか。

運良く産めたところで、本当に育て上げられるのだろうか。産む実感はまだないが、親になることの重圧は氷のような冷たい感触で目の前にそびえていた。連日連夜入ってくる悲惨なニュース、子育て世代に向けられる厳しい視線。お金のこと、仕事のこと。

決して若くもない二人の、それでも子どもを持ちたい、という欲望に応えてくれるほど、社会は優しくできているのか。私たちのこの選択は、無責任ではないのだろうか。

そんな疑問が（先に考えとけよという感じだが）一・四ミリの小さな点を眺めた途端にわぁっと湧いてきて、私はざわざわと跳び上がりそうになりながら、エコー写真の画像を「赤ちゃんだよ」とスマホで夫に送った。

すぐに既読がつき、夫はひと言

「オレに似てる！」

と返してきて、私は脱力した。

どうなるかわからないが、ひとまず、やってみよう。

何一つ確かなことのない世の中でお腹に赤ちゃんがいる。そう思うだけで湧いてくる、自分の輪郭がひたすらに丸く、柔らかく、外へと伸びやかに拡がってゆくような明るいあきらめにも似た気持ちの良さ。それこそが、産んでも良いんだ、と思わせてくれる、たった一つの確証だった。

いったいこれから何がはじまるのか、産む、産まない、できる、できないということに、これまでまるきり無関心だった人間には想像もつかなかった。友人たちが口々に言う「おめでとう！」の本当の意味も、この時はまだ、わからなかった。

何一つ想像のつかない未来に慄《おのの》きつつ、とりあえずは、お腹の中にできたばかりの命がいるのだ、という頼りない事実だけを命綱のように握りしめ、その先の怒涛の育児生活に連なる私の十ヶ月の妊娠生活は、静かに幕を開けたのだった。

はじまり、はじまり。

ROUND 2

つわり、あるいは限りなく透明に近い妊婦

7週

我食べる、故に我あり

道端に落ちた鳩の餌すら美味しそうに見える。そう、昨年子どもを産んだ友人に伝えると「私はうちの犬が食べてるドッグフードすら美味しそうに見えてやばかったから大丈夫」と返ってきた。いったい何が大丈夫なのだろうか。

妊娠七週を超え、無事に胎児の心拍が確認でき、いよいよ妊娠したのだという自覚が湧いてきた。とはいえ、体はまったく妊婦っぽくなく、お腹はまだまだぺたんこで、もちろん赤ちゃんがいる、という気配もない。これが臨月にはボールのようにまんまるに膨らむなんて、情報として見聞きしていてもまったく想像がつかない。

し・か・し！　そんな中で唯一、〝これ、確実に腹ん中に何か居んな〟と感じられる現象が私にはあった。

食欲である。

七週を超えたあたりから、突然「よーい、どん！」と空砲を鳴らされたみたいに、食欲が止まらなくなった。朝、起きた瞬間から焼肉が食べたい。腹ごしらえにメロンパン二つ、昼には餃子定食にラーメンにソフトクリーム、二時にはおやつにハンバーグ、四時のおやつには二人前のパフェを一人で平らげ、晩ごはんにはピザ二枚、深夜には腹が減ってたまらなくなり夫をコンビニに走らせカップヌードルシーフードＢＩＧとグリーンカレー味を同時に平らげる。

風が吹けば甘いものが欲しく、雨が降れば激辛こってり背脂たっぷりのラーメンの味が恋しくなる。まるで自分の意志というより、胃の底から生えてきた手が勝手に食物をかっ込んでいる、そんな感じ。

夫　普段はあまり小麦とかチーズとか食べない妻がピザを食べていました。

理性も美意識も完敗で

妊娠がわかってすぐにインストールした妊婦用アプリには、初期の妊婦が体験する「つわり」には「吐きづわり」と「食べづわり」の二種類があると書いてあった。私は後者だったようだ。

二十四時間、食べたくて仕方なかった。

「人は食べたもので作られる」と言うが、私はこの頃、腹の中の赤子が人の形に成るべく、凄まじい勢いでカロリーを欲しているのがはっきりとわかった。

とにかくもう、何もかもが激烈に美味しいのだ。まるで全身の細胞が味蕾《みらい》になり、味のプールにどっぷりと沈み込んだようなリアリティ。舌、喉、食道、胃、すべてが性感帯になったような味覚のオーガズム。その時「食べたい」と思ったものをドストライクに胃にぶち込んだ時の、凄まじい快感といったら！　普段、漫然と食事をとり「昨日はこれを食べたから今日はこれ」とか「これは体に悪いからやめとこう」とか、さかしらな思考でコントロールしながら食べている時の何千何万倍の切実さで、味が脳髄にぶっ刺さる。我食べる、故に我あり。全身が、

この時期を過ごす女性にもパートナーの男性にもお知らせしたいのです。もちろん程度はあるでしょうし、食べられなくなる方もいらっしゃるでしょうし、食べると糖尿病になる方もいらっしゃるので工夫は必要ですが、個人的には「できるだけ好きなように食べてもらっておくと良い」のではないでしょうか。常識やお金よりも、母存在の本能を充足させるのが大切だと感じました。㊇

この肉体が、食べるためだけに存在している喜び。ラーメンの汁の一滴一滴が、爆弾のように美味しさを爆発四散させながら食道を伝い落ちるのが感じられ、咀嚼すれば味のすべてがしあわせに変換されて五臓六腑《ごぞうろっぷ》に沁み渡る。ヘレンケラーが初めて水という単語を知った時にウォーターと叫んで打ち震えたが如く、私は食べものを食べるたびに、

「これが……！　食物！」と叫んで打ち震えていた。


「食生活に気をつけている人ほど妊娠するとジャンクな物が食べたくなるって言うよね。あたしなんか、妊娠中はケンタッキーのチキンバーレル二樽とか、余裕で食べてたよ」

　マタニティ専門の鍼灸院のA先生は言った。

「でもまあ、妊娠は本能だから。理屈じゃないから。理性でコントロールできるならそれは妊娠じゃない」


これはとても大事なことだと思います。妻と共にこの時期を経験したことで、「自分含め人は思ったより理性に囚われているのだ」と思うようになりました。(夫)

その言葉に許されたように、とにかく食べて食べて食べまくった。妊娠期間中を通じて十キロ前後太るのが理想と言われているが、私はすでに最初の二ヶ月で三キロ肥えていた。これまでなけなしの努力と投資によってかろうじて保っていた体型が、いとも簡単に無に帰してゆく。敗北だが、爽快だった。

私がこれまで抱いていた貧相な美意識——つまり、女は瘦せているほうが好ましい、とか、健康的であるべき、といった強迫観念が、まだピーナッツほどの大きさしかない我が子によって木《こ》っ端微塵《ぱみじん》に粉砕されてゆく。

人の体は、すごい。それまで培ってきた常識やら好みやら社会通念なんてものは、人の体の都合に簡単に屈するのだ。

生き物でよかった、人間でよかった、いいないいな、人間っていいな。

ティースプーン一杯の怪物

しかし恐ろしいことにこれは食欲を満たせている時の話で、ひとたび腹が減ればもう地獄。まるで胃が口から飛び出してくるような吐き気に見舞われる。

食べすぎにより常に胃は重くだるく、体はずぶずぶと胃を中心にして地面にめり込むような鈍さ。生理前の五倍ほどの異常な眠気。まるで獣のように丸くなって寝るか、そうでない時は起きて食べるかしかできない。やっとの思いで仕事をするが、腹が空けばオエオエと吐き、吐いても吐いても、我が体重軽くならざり。

私は一日じゅう、食べ物のことを考え続けた。それでもまだ足りず、常に飢えていた。

しかも、つわりはつわりできっちりやってきて、あれだけ好きだった生姜とネギの匂いが突然ダメになり、夜中に夫がラーメンを作りはじめた途端にマーライオンのように吐いたりしていた。外食の時などは隣のテーブルの匂いにえずきながらも食べ続ける、二車線道路のような食道の使い方を体得していた。

夫 つわり期には、外で一人でいる時にさくっと食べる癖をつけました。そのほうがお互いにとって気楽でした。

いったい私の体はどうなってしまったのだろう。
まるで誰かに脳を直接いじられているような体の所有感の無さ。
しかし、誰に聞いても、この時期の変化はすべて「ホルモンバランスの変化」という十一文字に集約されており、しかも恐ろしいことに、出産予定日までのめくるめく変化は、ほぼすべてがそうだという。

私は慄いた。

今まで私の体は私のもの、いつだって自分の体は好きにしてよく、それが女の権利でしょ、といきりたっていたのに、何一つ思い通りにならない。まるで一日一日が匍匐《ほふく》前進で小さな山を越えるくらいのハードさ。しかも、このつらさや期間は人によってもまったく違い、早い人は八週で終わるが長い人は十ヶ月続くそうで、何一つ頼りになる前例はない。この症状が明日には良くなるのか、それとも悪くなるのかわからない心もとなさのまま、もはや他人のような自分の体と一対一で取っ組まないといけないんである。

こんなにハードな日々が「子を産む女の誰もが通過する当たり前のこと」として、世界中に溢れてぃる——ということ自体が、この年まで「ままなる体」で生きてきた人間にとっては衝撃だった。

ああ、ホルモン、生涯でたったティースプーン一杯程度の量しか放出されないくせに、君はなぜ私をこんなに苦しめるのだ。できれば焼肉の一《いち》メニューくらいの距離感であって欲しかった。

こんな風に体に翻弄される一方で、この時期の流産率というのは妊娠期間全体を通してもっとも高く（妊娠全体の約十五パーセントが流産する。これは赤ちゃんの染色体異常によることが多く、女性側にはまったく問題がないことがほとんどである）、そのことを思うと気持ちの面でも落ち着かなかった。しかも、初期の頃の妊婦健診はなんと四週間に一回というロングスパンなのである。妊娠するまでは、ゲー、妊娠したら頻繁に病院に行かないといけないのか、とゲンナリしていたのに、二十二週で胎動がはじまるまでは我が子が生きているかどうかを確認する手段が健診で見られるエコーしかないため、明けても暮れても流産を心配して病院に行きたくなってしまう。

二十二週の安定期が遥か遠く感じられ、フルマラソンの四十二キロメートルを走りはじめたばかりの走者のような気分。しかしこのモヤモヤを運動で発散しようにも、ヨガ、ピラティス、水泳、整体やアロママッサージに至るまで、体を動かす系のものは、ほぼすべてに「妊娠十二週までの間は受講をお控えください」という注意書きがなされている。これは実際に体を動かすことで流産の確率が高まるということではなく、それを受講したあとに流産した女性が「あれが原因で流産したのかも」と思い悩んだり、あるいは「あれのせいで流産した！」と訴えられないようにする、いわばトラブル防止のための策であるが、そんなわけで運動もできず、ストレスが大変に溜まるのだった。

あれもダメ、これもダメ、ととにかく色々なことが禁止され、たった数週間前、妊娠を知る前の自分が見ていたのとはあまりに違う景色に戸惑い、ネットの情報サイトを見れば「妊婦は飴を舐めていいの？　クッキーは？」とか「妊婦はエビを食べていいの？　タコは？」とか、今から思えばアホらしいのだが、初期のナーバス妊婦にとっては世界を揺るがす一大事のトピックがずらっと並んでおり、しかも「ダメ」というものもあれば「いいよ」というものもあって、氾濫する情報がますます心をかき乱し、ナーバスが加速する。

しかし、くよくよしている暇はなかった。はや七週にして役所の手続きに産院選びに何なりと、初期の妊婦にはやることが山積みである。一日中眠く、だるく、頭はまったく働かず、爬虫類のように五秒前のことも忘れてしまう有り様にもかかわらず、ぼんやりすることも許されない。孕《はら》む前にはいっさい知らなかったが、現代社会においては妊娠出産保育に関するあらゆることは早い者勝ちの情報バトルであり、妊婦の生理、自然の摂理に何一つ合致していないのだった。

つつましきマタニティマーク

ほうほうのていで役所にゆき、届けを出した。妊娠していると告げると「おめでとうございます」と言われ、たくさんの書類が渡された。自分の体に関することが、公共のこととして扱われることが不思議だった。

健診の書類やら母子手帳やらに混じり、マタニティマークが入っていた。試しにカバンに付けてみると、目がちかっとして、見える風景が変わった。

「お腹の中に赤ちゃんがいます」、そう他者に向かって宣言するだけで、自分と社会の関係性が変わるような気がしたし、世間の空気もなんだか一気にまぁるくなり、自分の体も、社会に向かってまぁるく開かれてゆくような気がして、私は久しぶりにうきうきと外に出た。

のだ、が！

たまげたことに、マタニティマークを付けて満員電車に乗ってみても、これが、まじでまったく、総スルーなのである。

これまで電車の中やバスの中でマタニティマークを付けた人を見るたびに、私はせっせと席を譲ってきたのだが、いざ自分が付ける側になってみると、まるで私もマタニティマークも透明になってしまったように、誰にも席を譲られない。

妊娠初期はまだ腹も出ておらず見た目的には妊娠していないのと変わらないので仕方がなくもあるのだが、さすがに社会、妊婦に冷たくないか。いっそ、お面くらいあるマタニティマークを体じゅうに貼り付けて全裸で電車に乗るパフォーミング・アートでもやってやろうか、とぷりぷりしながら夫に話すと、彼は大真面目な顔で「マタニティマークって何?」と言い出したので私はもんどり打った。

「妊婦さんが付けてるの、見たことない?」

「そんなの小さすぎて、目に付かないし、そもそも電車の中で人のことなんてジロジロ見ないもん」

知っている男性の多くは、自分や親戚が子どもを持っているような人ではないかと思っていますが、どうなんでしょうか? (夫)

確かにこのマタニティマーク、同じ妊娠している女性じゃなきゃ気づかないくらいの慎ましさというか、マークの意味ないやろ！　と叫んでしまいたくなるような絵柄なのである。

ＴＰＯを気にしたデザインなのだろうが、体調の悪さと社会的自我が二十四時間刺すか刺されるかのデスマッチを繰り広げている妊婦の実情がいっさい反映されていない。気持ちとしては紅白の小林幸子の衣装くらいの派手さでいくか、もしくはサイレン付き、せめてお好み焼きくらいのサイズにして欲しい。

「優先席に、このマークの人には席を譲りましょうって書いてあるよ」

「そもそも俺、座席に座らないし」

たまげた。夫は虫も殺さない性格で、街で困っている人を見かけたらすぐに助けるような人間なのだが、それでもこのマークが目に入らないと言うのだ。

「だって俺、学校の授業でも『これがマタニティマークです』なんて習わなかったよ。たぶん、子どもを持つことにならなければ一生知らなかったんじゃないかな」

もしかして、電車で妊婦に席を譲らない人の中にはマタニティマークの存在を知らない男性も多くいるのではないだろうか。

「じゃあ、どうしたらいいの？　まじでゲロ吐く五秒前だから、浴びたくなかったら譲ってくれって書いたフリップボードでも持ち運んだらいい？」

「いや、ヘルプマークでいいんじゃないの？　どっちにしろ助けが必要な人、という意味では変わらないし、席を譲って欲しい理由をいちいち人に伝える必要なんてないしね」

しかしなあ、あの赤地に白のマーク。病気じゃないのに付けるにはちょっと気負いが必要である。大袈裟だと思われないかなあ、快調な日も（ごくたまに）あるしなあ、と勝手なためらいでぐるぐるし、次の瞬間にはまたげろげろと吐くのだった。

「妊娠していません」という顔で

しかし。私は思った。こんな話をわざわざしなくてはならないほど、妊娠と社会が切り離されていること自体が、そもそもとてもいびつではないだろうか。

流産のしやすさから周囲に公表もできず、仕事は常にフルスロットルで回っているので休むわけにもいかない。獣のような食欲と体調不良に振り回され、人間らしい生活が送れていないにもかかわらず、社会的には「何もないこと」にしなければいけないこのアンビバレント。

私はまるで自分の体が限りなく透明になった気がした。この社会の中での初期妊婦の居づらさはいったい何だろうか。しかし、そのことにいきりたったり、疑問を呈したりする余裕もなく、初期の数週間はとにかくこの具合の悪さをどうにかせねば、生きてゆくことすらままならない。

自宅で仕事をしている私なんかはまだ良いほうで、このいちばん孤独で、いちばんつらい時期に、まるで「妊娠していません」といった顔で出勤し、今まで通

たぶん「流産」に関わる個人的／社会的感情やそれにまつわる気遣いがこの状況を引き起こしているのだと思います。この点でも私たちは妊娠というライフイベントと向き合い直す必要があると思っています。（夫）

本当に大変だと思います。旦那さんも会社勤めだと、サポートも限られるだろうからもう本当に大変。（夫）

りの生活を営まなければいけない外で働く女たちはもっと大変ではないか。

もちろん、望んで妊娠したのだからしょうがないでしょ、と言われてしまえばそれまでなのだが、しかし、妊婦の妊婦性を限りなく抹消しないと仕事を続けられないような現代社会の労働のシステムは、果たして健全なのだろうか。


私は紛《まご》うことなき社会の一員で、妊娠は人間の営みのはずなのに、このよるべなさ、心細さ、社会から無視される感じはいったい、なんなのだろう。

この「妊婦」と「妊婦じゃない」の間、あっちとこっちの世界に挟まれ、ハリーポッターの九と四分の三番線に吸い込まれたように、私は身心ともに社会の中で迷子になっているのだった。

妊婦たちよ！

そうモヤモヤしながら、ある日私は近所の産院に分娩予約をしに出かけた。出産を専門とするクリニックに行くのは、生まれて初めてだった。

ドアを開けた途端、ずらりと並んだ女たちが一斉にこちらに視線を向け、私はたじろいた。


妊婦、妊婦、妊婦。


ここにいるのは全員、妊娠した女たちだった。少子化とはいったい何のことかと思うほど満杯の妊婦で、待合室ははち切れそうだった。

もう明日にでも生まれるんじゃないかというほど大きな腹を抱えたのも、まだ私のように平らなのも、今の私にはどれぐらいの週数なのか判断がつかないのも、みな等しく椅子に座り、順番待ちをしていた。新しい女が入ってくるたび、みなはっと顔を上げてそちらを見る。まるでお前の妊娠はどうだと言わんばかりに。

私よりずっと年上に見える女性も、き、君こそがむしろ子どもではと言いたくなるような、若い体つきの女も、それぞれがそれぞれでベストだと思う衣装に身を包み（ザ・妊婦という感じのマタニティドレスに身を包んでいる人もいれば、ぴちぴちのスキニージーンズを穿いた素足の妊婦もいた）、ひな壇の芸人のように色とりどりで、足を組んだり、あぐらをかいたり、めいめいの姿勢をとりながら、診察室のドアが開くのを今か今かと待っている。

静かなのに、なぜかぎらぎらとした高揚があった。各々が放出する熱気が全員をバターのように溶かし、分離しながらも一体化させていた。

「産む女」はここにいた。

もちろん、これまで私が見てきた景色の中、街にも仕事先にも友達の中にもいた、はずだ。けど、なぜだか私の視線は彼女たちを通過していた。

私もこれまで、彼女たちを透明にさせていた人間のうちの一人だった。

待合の椅子に座ると、私もその一員になった。

お腹の中は相変わらず何も感じないけれど、途端に世界の全部がふかふかになり、端からくるんと丸くなるような、同時に私のお腹の中に世界全部が包《くる》み込まれてゆくような、どちらの感覚もが襲ってきた。それぞれの事情を下敷きにしながらも、ここにいる女全員が〝お腹の新しい命に会う〟という同じ光源を目指し、日々の暗中模索を生きている。そう思うだけで、なんだかポカポカとした力強いものが微かに腹の奥から湧いてきて、この灰色の匍匐前進の日々もなんとか乗り越えてゆけそうな、そんな気がしてくるのだった。

君も妊婦私も妊婦。
がんばれ、生きろ。
私たちは透明ではない。

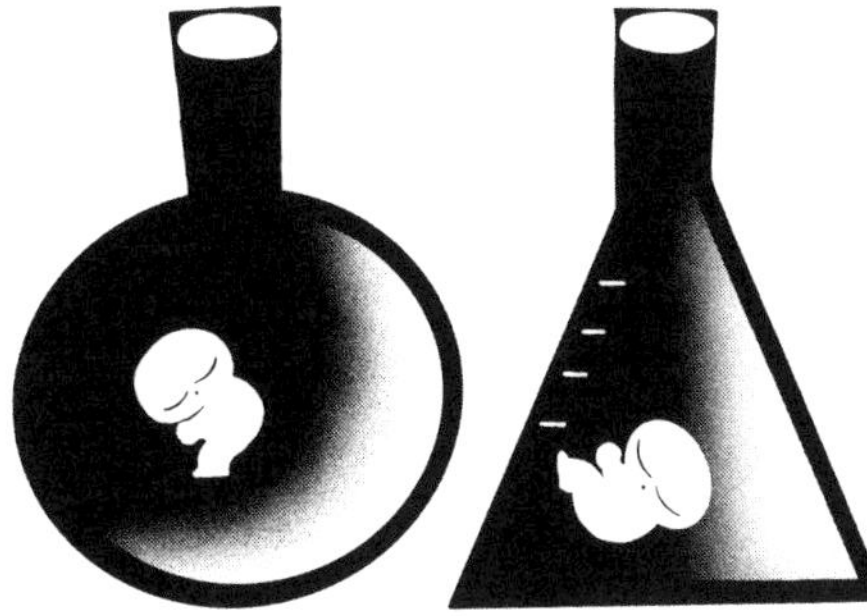

ROUND 3

命の選別？ 出生前診断

11週

妊婦を悩ます出生前診断

東京オリンピック真っ只中の二〇二一年八月初旬、私たち夫婦は悩みに悩んでいた。

出生前診断を受けるか否かについて、である。

妊娠十週、つわりはなくなり（平均に比べると、私のケースはだいぶ！　早かったらしい）お腹の張りが徐々に気になるように。相変わらずダイソンの掃除機のように食品を吸い込みまくり、目に映るすべてのものが捕食対象、体重増加は著しく、久しぶりに会った友達に一目見るなり

「今、六ヶ月くらいだっけ？　……えっ、まだ十週なの？」と目を泳がされる始

末。

驚いたのは、思考の仕方をすべて忘れてしまったように頭がまったく働かなくなったこと。「マミーブレイン」と言って、妊娠中はホルモンバランスのせい（またかよ！）で大脳真皮質が働かなくなり、物忘れが激しくなったり、仕事ができなくなったりするらしい。私も例に漏れず、三行以上のメールは書けず、十秒前にした約束も忘れ、これまでどうやって生きてきたのか思い出せないレベルである。

どんだけ妊娠、女を変えてしまうん！

と、誰にぶつけたらいいのかわからない（そしてぶつけても仕方のない）慟哭《どうこく》を抱えながらも、一方でこんな、日常のすべてにピンクの霧がかかったようなほやほやとした気持ちで過ごせるのも（そしてこんなに体重増加を気にせず食べたいだけ食べられるのも）今だけなのだと思うと、一生にいちど（かもしれない）この機会、思いっきり楽しみまっせ、という気にもなる。

お腹の赤ちゃんとお母さんは同一化されていて、存在としては「半分大人、半分赤ちゃん」だからこの現象は当たり前なのだ！　と私は思うことにしました。夫一方、出産に至るまでの道のりの中では、妊娠初期のこの時期にしか考えられない、そしてこの時期を逃したらチャンスを失ってしまう事がらが山積みで、そのうちの一つ、そしてもっとも大きく深刻なトピックというのが、この出生前診断なのだった。

出生前診断というのは、ざっくりいうとお腹の子に生まれつきの異常がないかどうかを調べる検査のことである。21トリソミー（ダウン症候群）、18トリソミーをはじめとした染色体異常や、見た目の異常、脳や心臓の異常など、さまざまなことがわかる。

現在日本で受けられる出生前診断は、主に四つ。

まず、ＮＩＰＴと呼ばれる、妊婦の血液を採取し、その中に含まれる胎児のＤＮＡ断片から染色体や遺伝子の異常を持っているかどうか調べる検査。これは妊娠十週から受けられるが、現時点では二十万円前後と、他と比べて費用が高い。

次に、母体血清マーカー検査といって、妊婦の血液の中に含まれる特定のたんぱく質などを調べることにより、胎児の21トリソミー、18トリソミー、開放性神経管奇形（無脳症など）の確率を出す検査。こちらは妊娠十五週からだいたい十八週までしか受けられない。

もう一つ、超音波検査によって胎児の首の後ろのむくみの厚さを見たり、体のさまざまな部位の長さを測る検査と、妊婦の血液検査を組み合わせて障害のある確率を算出する「コンバインド検査」がある。こちらは行っている施設が限られ、また受けられるのが十一週から十三週までと非常に短いのだった。

初期の検査としてはこれらが代表的で、それを経て赤ちゃんに異常のある可能性が高いと判断された場合、絨毛《じゅうもう》検査（母体の腹部へ針を刺して、絨毛を採取し、胎児の染色体やＤＮＡを調べる検査）や、羊水検査（子宮内の羊水を採取して、胎児の染色体やＤＮＡを調べる検査）でより詳しく調べるという流れになる。絨毛検査は一パーセント、羊水検査は〇・三パーセントほど流産のリスクもあり、また費用も高いので、最初から受ける人は少ない。

この時点で、選択肢の多さや受けられる期間に関するややこしさ、かかる費用の多さに眩暈《めまい》がしたのだが、差し当たって我々が決めなければいけないのは、十一週から十三週五日までと、非常に短い期間しか受けられないコンバインド検査をどうするかであった。

検査を受けるということはつまり、まだ生まれる前からお腹の子に障害があるかどうかの確率がわかってしまうということである。またもしその確率が高かった場合、そのまま妊娠を継続するかどうかを決めなければいけないということだ。

私は本当に、それを知りたいのだろうか。

知って、もしお腹の子に障害があると言われたら、どうするのだろう。

そしてそれを知ることは、知ってどうこうすることは、命の選別ではないのか。

「どんな命も、尊い」、けど……。

「うちは受けんかったよ」と、六歳の双子の母である友人のしぃちゃんは言った。

「もしこの子らに障害があっても、産むって決めてたから、受けても意味ないやんと思って受けんかった」

「うちも受けなかった」と、四歳の子どもを持つヨシノちゃんは言った。

「うちは、もし子どもが障害児だったら夫婦それぞれのキャリアが大きく変わるのは目に見えてたから、最初から障害児が生まれた想定で互いのキャリアプランを書き直して、そうなるって覚悟を持って出産に挑んだ」


二人の覚悟の強さに眩暈がした。と同時に、私自身の覚悟を問われているようで私はうっとなった。

妊娠というのは、その発端から産み落とすまで、すべてがその妊婦に固有の経験であって、一つとして同じものはない。

だからこそ、産み落とすまでのどんな判断もすべて、最後には産む女一人にかかっており、他人の体験や考えが参考にならない・参考にしても意味がないことも多い。

にもかかわらず、この時ばかりは妊娠初期特有の、スマホの地図アプリで自分の位置が全然表示されない時のような不安と心細さから、ついつい他者の考えを気にしてしまうのだった。

夫の立場からもこう思いました。やはり自分たちは自分たちなのだ、と。㊇

どんな命も、尊い。

心の底からそう思う。

街を歩いていてダウン症などの障害を持ったお子さんににこっと微笑まれた時など、他のすべての赤ちゃんからそうされた時と同じ、まるで胸の内側を明るく照らされたようなふわっとした気持ちになる。けどそれと、自分が当事者として育てられるかというのとは、まったく別の話だ。ＹｏｕＴｕｂｅで障害のあるお子さんを育てるお母さんのドキュメンタリーなどを見ると、いったい自分に彼女たちと同じことができるだろうか、彼女たちの想像を絶するような苦労の何分の一かでも、自分に背負えるだろうか、と心が重くなる。

どんな形であれ一つの生をまるごと受け入れて、生かしきることとの大変さとか、難しさとか、現実的に直面する費用の問題とか、夫婦のどちらかが仕事を辞めなければいけない社会の現状とか、またもしその覚悟を我々が持てたとして、産んでから実際にそのスキルがあるのかどうかとか、ないとわかった場合にどうすればいいのかとか、その場合の受け皿はあるのかとか。

現実的な個々の事象についてひとたび考えはじめると、なんだか自分自身がとても頼りなく、そうまでして私は子どもを持ちたいのか、持ってしまったその子はしあわせなのだろうか、その覚悟のない私が子どもを持っていいのかどうか……と無数の分岐が頭の中に生まれては分裂し、炸裂し、悪い想像の博覧会になってしまうのだった。

障害を持った子のお母さんたちの中には、もちろん「この子を育てられて嬉しい」とか「しあわせだ」とかポジティブな感想を述べる人もたくさんいて、そうであって欲しいと心から願いながらも、まだ子を育てたこともなく、なんの実感もない赤の他人の私からすると、「でも、本当に?」と疑いのほうが大きくなってしまう。「本当に、本当に、しあわせですか?」と――それはきっと、裏を返せば子育てに関して「しあわせです」としか公には答えてはいけないような、そんな張り詰めた圧が、社会全体にあるせいでもある。

産んだことのない私ですらも感じているそれが、産んだあとにはもっとぱつんぱつんに迫ってくる気もし、しかし、よくよく考えれば、それは障害のあるなしだけにかかわらず、すべてのお母さんに降りかかっている圧のようにも思える。どんな子育てだって平等に不幸の種を孕んでおり、しかしそれが現実に降りかかってきたとしても、笑顔で「この子がいるからしあわせです」と言わねばならぬような圧が、まだ産んでもいない今のうちから私を苦しくさせるのだった。

「しかもさ、出生前診断でわかるのって確率でしかないじゃん、たとえば子どもに異常が出る割合が五十パーセントですって言われても、二回に一回はそうでない子が生まれるんだよ。知ってどうするの？」

そう、なん、ですよ。

確率というのは、あくまで確率でしかない。当たり前のことだ。けれどもその数字を知った途端、知る前、つまり気持ち的には五分五分だった時にはまるで単純だった選択が、ものすごく難解なものになる。

そんな気分になるためにわざわざ検査を受け、受けた結果「確率は確率でしかない」という、平らな板でぱーんと押さえつけるような結論で自分をなだめるのであれば、マジで受ける意味なくない？　というのはもっともなのだった。

数字を知るということは、未来の可能性に、そしてお腹の中の子どもに、首輪をつけるようなものではないのか。

母親失格という風潮

もう一つ、我々を悩ませる要素の一つが、受けた側の体験談の圧倒的な少なさであった。

妊娠出産については、ブログからＳＮＳから、過剰供給といえるくらいに体験談が溢れかえっている。にもかかわらず、この検査のこととなると途端に口数が少なくなるというか、誰とも目線が合わなくなる感じがするのだった。

それはきっと、この検査について「命の選別である」という世間の風潮がある中、両手《もろて》を上げて「うちは受けました！」と言いにくい雰囲気があるからだろう。また、妊娠のごく初期に行われることが多いので、異常なしと判断された場合に、わざわざ振り返って語りたいような内容ではない、ということもあるだろうし。中絶した場合はなおのこと語りにくいだろうから、いろんな体験談を聞く機会が、本当に、ないのだった。

ちょうどその頃、あるタレントが「ホームレスになるのは自己責任」などと発言し、ＳＮＳで大炎上していた。

多くの人が彼の発言を「優生思想だ」となじり、激しく批判していたが、私には彼に向けられた言葉の一部が、ツイッターのトレンドに連日並ぶ「優生思想」という単語が、まるで自分に向かって投げつけられているように感じられた。

出生前診断を受けることは、命の選別だろうか。生まれてくる命が正常であれと願い、そうでないものを受け入れられないのは、果たして優生思想なのだろうか。生まれてくる命、それがどんなものでもまるっと受け止められないのであれば、親として、いや人間として失格だろうか。

どんな子であろうと生まれて来い、という、親としての腹が決まっていない。そのことに対する後ろめたさと、そうは言っても、という言いわけが常に心の裏側にざわざわと生え続け、なんとも居心地の悪い日々だった。

出生前診断で考えたことをきっかけに、常に「私たちは何らかの『選別』をしている」ことを意識するようになりました。
夫

俺は受けたほうがいいと思う、と夫は言った。

「もしなんらかの異常がわかって、生まれたあとの準備が必要な子どもだった場合、対策が取れるじゃない。子どものためにも絶対受けたほうがいいよ」

それはつまり、どんな子であるとわかっても、産んで欲しい、ということだろうか。

もし検査を受け、異常があると発覚したあとで、今と同じ気持ちでこの子を愛せるだろうか。覚悟を持って産んだとして、あとで愛せなくなってしまったらどうしよう。

そんなことは考えても無駄だった。

産む、産まないは私が決めることであって、夫は当然、私の選択を尊重してくれるだろう。ということは、なおいっそう、検査を受けるも、受けないも、異常を知った場合どうするのかも、私がよくよく考えて決めないといけない、と感じ

夫 妻の判断を尊重するつもりでしたが、それが逆にプレッシャーになってしまったとは……。この部分についてはもっと話し合えば良かったです。

……た。

ちょうどその時、ドイツに住んでいる知人から「出生前診断」を受けたという連絡があった。

「ドイツでは出生前診断を受けることは妊婦の権利の一つと考えられているので、リスクが高いと判断された場合、公費で検査が受けられます」と、私とほぼ同じ週数の妊婦であるちえさんは言った。

「そもそもドイツでは、妊娠すると専属の助産師が付いて、気軽にいろんなことを相談したり、カウンセリングを受けられるんです。もし障害があると診断されても、生まれるまで公的にサポートしてもらえるし、出産後も障害者福祉にスムーズに繋げてもらえます」

ドイツの障害者福祉制度では、もし子どもに病気があっても、親の負担ができるだけ少なく済むようなサポートが受けられるので、子どもの障害を理由に親のどちらかが仕事を辞めたりすることは、ほぼほぼないとのことだった。

「私は受けてよかったです。結果うんぬんだけでなく、もし将来子どもが障害を負った時にどんな公共のサポートを受けられるか知れたことで安心できたから」

正直、彼女が羨ましくて仕方なかった。

自分の生まれ育った国で、安心して出産したいのに、この、貧乏くじを引かされているような感覚はいったいなんなのだろうか。

そんな思考をぐるぐると積み重ね（ているようで、同じ地点を旋回しているだけかもしれなかった）ているうちに、日々は過ぎ、妊娠十一週に入った。

産む、産まないは女が決める

ちょうどその頃、知人の文化人類学者のT先生に会う機会があった。

「キリスト教の考えでは、ヒトは受精の瞬間にヒトになるといいます。アマゾン奥地に暮らすヤノマミ族は、出産後、母親の腕に抱きかかえられた子だけが人間になるといいます。日本では母体保護法に基づき、医師が人間と非人間を線引きします。それぞれの集団の決めた暗黙の優生学の中で、僕らは人間と非人間を判定していて、それを意識していないだけだと思う」

そう言ってT先生は「ヤノマミ族」のドキュメンタリーを貸してくれた。ヤノマミ族はアマゾンの奥地の原住民族で、彼らの風習では、女は臨月になると森に行って出産する。産んだ子を育てるかどうかは産んだ女一人の判断に委ねられる。育てないと決意したら、子はその場で自分の手で殺し、バナナの葉で包んでシロアリの巣に入れて蒸し焼きにする、ということだった。

胸の奥をぎゅっと摑まれたような不快感と興奮があった。

ヤノマミ族の女と、遠い日本に住み出生前診断を受けようとしている私には何の共通点もなく、ものすごく遠い存在である。にもかかわらず、まるで並んで同じ景色を見ているような気持ちになった。

私は彼らのドキュメンタリーを繰り返し見た。

怖かった。このぞわぞわの正体は、怖さと、半分は羨ましさだった。産み落とされる命の価値がすべて産む女に委ねられているという潔さと、半ばあきらめにも似た自然の摂理への服従には、ここまで社会が複雑に組み上がり、逆に何かが後退してしまった私たちを笑っているかのような軽やかさがあった。

一方で、我々の社会でも彼らの社会でも、産み落とされた命の価値を決め、責任を負うのは、常に女なのだ、女だけが引き受けるのだ、という、重さと絶望もまた感じられた。

それを特権と呼んで誇り、ざまあみろと叫びたいような気もしたし、連日、子を殺した女のニュースがネットを騒がせ、女だけに罵詈雑言が浴びせられる我々の社会のひもじさも同時に感じた。

足元がぐらぐら揺れた。

けど、結局のところ、どんな社会的なお膳立てがあろうと、どんな価値感の中であろうと、産む、産まないは女本人が決めなければならないのだ。

腹を、括ろう。

熟慮の末、私は夫に「もし、子どもに重い障害があるとわかった場合、堕胎することも視野に入れる可能性があるが、それでいいか」と聞いた。「知りたい」とか「対策を取りたい」とか、どんな言葉で誤魔化そうとも、検査を受けるということはつまり、自分にとってそういうことだった。そこを言葉にせずに、誤魔化すと、あとから後悔する気がした。

夫はわかった、と言い、コロナ禍のためもあり出生前診断には私一人で向かうことになった。

絶叫、フレディー・マーキュリー

色々と調べた結果、大阪にある有名な検査施設で受けることに決めた。日本で最初にできた出生前診断専門の施設で、他のクリニックにはない「胎児ドック」——NTという胎児の首の後ろのむくみの厚さを測る検査（ダウン症の場合、この数値が多く出る可能性が高い）、血清マーカーに加え、精密なエコーの機械で胎児の外見や心臓の異常、脳などの細かな部分までを見る検査が受けられるということだった。出生前診断を受けられる施設は、国が認定する施設と、認定外の施設があり、そこは後者だった。

予約を取るのはとても大変だった。ギリギリで受診を決めたため、予約ができるのは十二週の頭の二日間のみとのことだった。なんとかスケジュールを調整して、診察をねじ込んだ。朝早くの診察ということもあり、新幹線に乗り、前日に京都に一泊して向かうことにした。

大阪の迷宮のような地下通路で迷いながらも、なんとか地下鉄に乗り換え、私はクリニックの最寄りの駅まで辿り着いた。クリニックは入口から、待合室から、どこを取ってもぴっかぴかでつるんとし、いかにも最先端、といった雰囲気だった。

受付で名前を告げると、待合室で待つように言われた。
異常な緊張感が漂っていた。出産専門のクリニックや助産院にあるような、赤ちゃんができてハッピー! というまったりした雰囲気はまったくなく、椅子に座って待つ女性は皆、まるで死刑宣告を受けるかのような面持ちだった。
皆、お腹もほとんど目立たず、後期の妊婦特有の生臭さもなく、私と同じで、まだ妊婦と妊婦以前の境目にいるような、そんな女たちだった。かかりつけの産婦人科で異常の可能性を知らされて、検査を受けにきている人もたくさんいるのだろう、と思い至った。

受付でしばらく待つと、番号を呼ばれた。

「はい、じゃ、ママ、診察室Dに入ってください」

……マ、ママぁーーーーー？？！！

フレディ・マーキュリーのように、私は心の中で絶叫した。

ママ、待機

え？　私の名前、書かなかったっけ？

生まれて初めて（実の子よりも先に）ママ、と呼ばれた衝撃で、石のように固まっている私をよそに、スタッフはにこやかに言った。

「ママ、こちらですよ」

手元のカルテには私の名前がばっちり書いてある。ここでは患者は全員一緒くたに「ママ」と呼ぶシステムなのだった。

　脳内でフレディ・マーキュリー化している私をよそに、診察の準備はきわめて機械的に進んでいった。

「はい、ママね、採血しますよ」

「はい、ママね、血圧測ってください」

……私はお前のママちゃうぞ。そう口から出かかったが、あまりにやることが多く、担当者も目まぐるしく変わるので、私は黙ったまま従った。

　通された診察室は六畳ほどの広さで、診察用のベッドとモニター、着替えるためのスペースがあった。

「はい、ママ、じゃ、着ているものを全部脱いでこれに着替えて」

　診察着は浴衣のような作りで、下半身がマジックテープで開閉できる仕様になっていた。着替えると、何も着けていない下半身に風が吹き抜けてスースーし、私はそわそわした。

「じゃ、ベッドに横になって待っててくださいね」と言われ、私は横になった。

ベッドの下半分は開脚台というのか、産婦人科によくある片足ずつを乗せてパカッと股を開くやつで、私は素直に左右の足を台に乗せ、思い切りM字開脚したまま天井を仰いだ。

そのまま三十分経った。誰も来ない。

静けさが続けば続くほど、不安の波がどんどん押し寄せてくる。

こんこん、とノックがあった。

ついに！　と思ったら、先生ではなく看護師さんだった。

看護師さんは、「はい、じゃ、ママね、先生の診察の前にあらかじめ色々見ますからね」と言うと、プローブといって膣に入れて中の様子を見る機械にぶちゅっとゼリーを出し（この機械、見るたびに「巨大なバイブじゃん」と思うのだが、妊娠した途端に膣はまったくエロとは関係ありませんというテンションで扱われはじめる——散々えろいことをして子どもを作ったというのに——ので、もうまったくそういうことを言える雰囲気ではなく、心の中で叫ぶしかない）下から挿入した。

モニターに白黒の、ざらざらと動く腹部の断面が映し出された。エコーで腹部を見るのはもう何度目かになるが、毎回とても緊張する。

黒い池のような空洞の中に、胎児の白い影が見えた。元気に跳ね回っている。

看護師さんは無言のままものすごくてきぱきと手を動かし、ぴっぴっと機械を操作しながら胎児の体のあらゆる箇所の数値を測りまくっていた。モニターはせかせかと切り替わり、何が起きているのか、どんなふうなら正常で、どんなふうなら異常なのか、まったく判断がつかない。

私はとうとう痺れを切らして、
「どうですか？」と聞いた。
彼女は医療従事者ならではの鉄の表情で「私からは何も申し上げられないので、先生の診察をお待ちください」と言うと、素早く機械をしまい、出ていった。

「あ、あと」

戻ってきた。

「はい」
「待っている間は下半身はしまっていて良いですから。足も広げなくていいし」

私は恥ずかしくなった。

サバ寿司、漲《みなぎ》る

下半身をしまい、診察台の上にあぐらをかくと、私は再び一人で取り残された。

さらに三十分が過ぎた。不安の波は高くなったり、低くなったりした。

やがて廊下から、「先生の診察です」と言う声が聞こえ、私の心臓は再び跳ね上がったが、足音と「先生」らしき声はこちらには向かって来ず、どうやら隣の診察室に入っていったようだった。

いよいよ次だ。緊張が走ったが、先生は一向に隣の部屋から出てくる気配がない。

そのうち隣の部屋がある壁の向こうから、女性の微かな啜《すす》り泣きの声と、どう考えても深刻そうな先生の声が聞こえてきて、全身の毛穴からどっと汗が噴き出した。

（なぜ、こんなに壁が薄い造りに?!）

心臓が変な音を立てていた。あの啜り泣きは、次に私が立てる啜り泣きかもしれなかった。壁一枚を隔てた向こう側の恐怖と不安がドバドバとこの部屋に浸食してきて、今すぐ診察室を飛び出したくなった。

しかし、である。

よりによってこのタイミングで、猛然と腹が減ってきた。食べづわりだ。

部屋にはお菓子が用意されており、「ご自由にお食べください」と書かれていたが、お菓子なんてとっくに食べ尽くしていた。今、手持ちの食品といえば、京都駅で念のためにと購入したサバ寿司だけだった。

見つかったら怒られるのではないか。

しかし、診察がはじまってしまえば、もう食べることはできない。考えている時間はなかった。今ここで食品を口に詰めなければ、どうにかなってしまう。診察中に盛大にリバースすることだけは、どうしても避けたい。

迷ったすえ、私はカバンの中からサバ寿司を取り出すと、診察台の上にあぐらをかき、下半身裸のままもりもりと食べた。

感受性と味蕾は離婚していた。啜り泣きをBGMに食べるサバ寿司は、とんでもなく美味しかった。サバの酸味と米のふくよかな甘さが、全身の細胞一つ一つに漲った。私がどれだけ迷っていても私の体は変わらず食べ物を欲し、一直線に産むほうへと進んでいる。そのことが、なんだか心強かった。

箱の隅の米粒一つまで掻き出して平らげ、美味しいものを食べた余韻に浸りながら、私はさらに三十分ほど待った。

あまりに待ちすぎて、だんだん感覚が麻痺してきた。不思議なことに、腹が満たされた途端に腹が据わってきた。

サバ寿司を食べながら「いま下半身丸出しで寿司を食べている」と私に電話をしてきました。妻は「下半身丸出し」と「寿司」に、どこかアンビバレントなものを感じて報告したくなったのでしょうか。(夫)

ここで不安がっていても仕方がない。お腹の子はお腹の子だし、その子がどんな子であろうと、私が今ここでできることは、何もない。それなら今どんなに怖がろうと意味がないじゃないか。

恐怖の「ふんふん」ラッシュ

突然診察室のドアが開き、黒髪を一つにまとめた年配の女性が入ってきた。わざわざ彼女の診断を仰ぎに全国から妊婦が集まってくる、このクリニックの院長だ。

彼女はカルテに目をやったまま、「はいはい」と言いながら、おもむろにチューブの中のゼリーを機械の表面にぶちゅっと出すと、「はい、じゃママ、見てゆきますからね」と言い、私の術衣の前を開けてお腹を出した。

ついに、はじまった。

先生はものすごく早い手捌きで機械を操作しながら、あちこちにエコーをあて、再び赤ん坊のあらゆる体の部位を測定してゆく。

「ふんふん」
「ふんふん」
「ふんふん」

エコーの角度を変えるごとに先生は「ふんふん」と言う。時折手や表情が止まり「ふんふん」の間が開くごとに心臓が口から飛び出しそうになる。どうか、どうか、なんの異常もない「ふんふん」であって欲しい。私は全神経を聴覚に集中させ、その「ふんふん」がＯＫの「ふんふん」なのか、何かを検知した「ふんふん」なのか聴き取ろうとしたが、何一つ窺い知ることはできなかった。

数分間ののち、おもむろに「はい、じゃ、４Ｄエコー見ます」と先生が言い、次の瞬間、ぱっと画面が白黒から立体の映像に切り替わった。
肌色というか蜜色というか、ぬめりけのあるほら穴のようなものが映し出され、その中央に赤子がいた。

急に黒い点から立体になった我が子に、頭が追いつかなかった。一瞬、学生時代に京都の伏見稲荷神社を訪れた時に参道で食べた「すずめの焼き鳥」に似てる、と思った。よく見ると目も、口も、鼻もあり、一定の間隔でぴょこぴょこと動いていた。

これまで頭の中で我が子を思い描く時、真っ先に出てくるのは、妊婦アプリに表示される赤ちゃんのイラストだった。腹の中で赤ちゃんがどんな姿をしているかなんて私は知らなかった。

目の前に映し出された子は、ちゃあんと立体で、色も奥行きもあり、息をして動いていた。ちゃあんと、ヒトだった。

ぶわっと嬉しさと興奮とが（この時初めて「いる」ということを実感できたのだと思う）湧き、同時にこう思った。

ああこの人は、無事に産まれるかどうかもわからない時期から、すでに他人によって本人も知らない自分に関するあらゆることを調べられ、計測され分類され、座標に置かれ、勝手に正誤か優劣かわからないけど、外の世界の価値観を貼り付けられるのだ。

もしこの人に意識があったらどう思うだろう？

そう思った途端、私自身は〝外側〟であるにもかかわらず、自分がとんでもなく無力なミニチュアの人間になったような気がしたが、それはさておいて、目だけは変わらず皿のように見開き、検査を続ける先生の顔を観察し続けた。

このプレッシャーから早く逃れたい、早く終わって欲しい、という気持ちと、異変を見逃さないよう丁寧に診て欲しい、という気持ちとがせめぎ合い、時間がものすごく長く感じられた。

先生はパッと機械から顔を離すと、「はい、まぁ、見る限り目立った異常はありません。あとはカウンセリング受けてね」と言い、目にも留まらぬ速さで診察室を出て行った。

あまりにも呆気なかった。

「あ、そうそうママ、中期の診断は受けますか?」

戻ってきた。

「まだわかりません」

「そう。初期にわかる異常は限られていますから、中期も受けたほうがいいと思いますよ。うちぐらいしっかり見られるところは東京にはないですから、うちに受けにくるのがいいです」

そう言い残すと彼女は再び出ていった。先生が診察室に入ってきてから出てゆくまで、わずか五分だった。

私は何一つ、質問することができなかった。最後まで先生は私の名前を呼ぶことも、目を合わせることもなかった。

私は何が怖かったのか

診察室を出てしばらく待ち、院内のカウンセリングルームでカウンセリングを受けた。カウンセリングには、東京にいる夫もオンライン通話で参加した。カウンセリングは先生ではなく別のスタッフが担当した。

「今回の検査では、現段階で調べられる染色体異常の兆候は見られませんでした」と彼女は言った。

「鼻骨が平均より少し短いようですが、まあそれは大丈夫でしょう」

どっと体じゅうの筋肉が緩んだ。何もやり遂げていないのに、何かをやり遂げたような達成感が湧いてきた。

私はいつの間にか、赤ん坊に異常があるという前提で検査を受けていたことに気づいた。

「念のため、血清マーカーをやりましょうか?」と聞かれたので、私は（やらなくていいかな）と思いつつも申し込み、会計を済ませて外へ出た。合計で九万円ほどだった。

それから再び地下鉄に乗って新大阪まで戻り、新幹線に乗って東京に向かう間じゅう、私はスマホで「鼻骨　短い　障害」「鼻骨　短い　何ミリ」と検索し続けた。

自分を阿呆みたいだと思ったが、まるでその言葉に取り憑かれたように、それ以外のことがまるきり頭に入らなかった。

翌々日、東京の自宅に検査結果の用紙が送られてきた。ぺらっとした紙一枚には、ダウン症や18トリソミーなどの染色体異常である確率は、限りなく低いということが書かれていた。

受けてよかった。

それがもっとも率直な、その時の気持ちだった。

検査結果に対する安堵というより、ここ数週間の胸のつかえが取れたことに対する解放感が大きかった。むしろ、いちどこの検査を受けたことで、もし生まれてきた子に障害があったとしても、その時はその時で受け入れよう、この子はきっと私たちのもとに生まれてくる運命だったのだ、と思える気がしてきた。

そもそも出生前診断で判明する病気や異常は全体のごくごく一部であって、多くのことは生まれてからでないとわからないのだ。

先生は「中期検査を受けますか？」と言ったが、私にはもうじゅうぶんに感じられた。もちろん、そう思ったのは、検査結果の紙にとても低い確率が記されていたからだ、とも理解していた。

検査のあと、お腹の子への愛情は日増しに強くなっていった。

私の中でこの検査は、「知った」というより「会った」に近かった。顔も知らずに文をやり取りしている恋人に会った平安時代の貴族ってこんな感じかな、と思った。その一方で、この愛情は子どもに障害がないと知ったからこそのものではないのか、という疑念も同時に湧いてきた。

「仕方ないよ。無条件の愛なんてないもん、人間だもの」と、しぃちゃんは言った。

「私も自分の娘に対して、かわいかったらいいなとか、頭がいい子に育って欲しいとか、色々考えちゃう。社会の中で子どもが少しでも有利な条件で生まれて欲しいって思うのは、生存本能として当然のことやんか。……もちろん、そんなふうに感じなくて済むならどんなにいいやろなっていつも思うけどね」

納得はしたものの、同時に、この言葉で自分の中にある違和感を塞ぎきるには足りない気がした。いったいなんなのだろう、としばらく考えていたが、その後ぼんやりとパラリンピックを見ていた時に、不意に気づいた。

私は障害のある子を産むことが怖いんじゃなかった。

障害のある子を産んだ時、世間から「親の愛でどうにかしろ」と言われることがいちばん怖かったのだ。

社会的な差別のまなざし、福祉の欠如、母親だけに育児の負担がかかる社会構造――それらすべてが、障害のある命を育てにくくしている。それらをカバーするために、私たちは当事者、つまり産んだ本人の愛に頼らざるを得ない。

たとえ、助けの少ない中で苦しみながら育児を続けていたとしても、周囲からは「親の愛があるからできることだよね」と勝手に納得され、また、もしそれで万が一どうにもできない状況に陥った時にさえ「親の愛があればできるはずでしょ」と突き放されるのではないか。そのことに対する怖れがあるからこそ、私は出生前診断を受けたかったのだ。

障害のあるなしが怖いのではない。

「親の愛」にすべてを一元化する現代社会の構図が怖い。

「親の愛」への勝手な幻想ゆえに起きる孤立が怖い。

その皺寄せが、巡り巡って我が子に行くのがいちばん怖い。

そしてそれは、障害のない子を育てていたとしても、いつ何時でも起き得ることなのだ。

けど、親の愛はスーパーパワーではない。親として責任を取ることと、親の愛ですべてをなんとかすることはイコールではない。にもかかわらず、家族愛と親を過剰に信仰する現代の日本では、それが一体であるかのように語られる。もちろん障害のあるお子さんを育てている親はたくさんいるし、とてもしあわせだ、と言う人たちもいて、それはきっと本当だろう。けれど一方で、「親の愛と労力だけでどうにかなった人」たちだって「親の愛と労力だけでどうにかする必要」は別になかったし、彼らに対する支援が足りていたという証拠にはまったくならない。

愛は強い動機にもなりますし、エネルギー源にもなりますが、「物理的な限界」もあります。限界を超える「奇跡」もありますが、いつも奇跡を期待するのは無理筋です。夫親の愛でなんとかできている人たちもいるんだからお前もなんとかしろ、と言われることが、私はいちばん怖い。自分の子どもに障害があることは、正直全然怖くない。

日本におけるＮＩＰＴを受ける妊婦の割合は全体の七パーセントで、先進国の中ではとても少ない。それは女性の自己決定権についての意識が低いことに加え「どんな子が生まれても、親の愛で受け入れるべきだ、それが親というものだ」という社会的なスティグマもまた影響しているだろう。

しかし、どんな子育ても、社会の協力なくしては成り立たない。生命の選別をするのは優生思想だ、というのはとても簡単だけど、この「親の愛」、とりわけ母の愛情のみに過剰な期待が寄せられ、皆でなんとかするという発想に至らない社会の中では、産み手だけを責めるのは、対岸の火事に向かって石を投げつけているだけのように私には感じられる。

これを書いている現在、私の横には赤子がいる。

子の顔を見ていると、狂おしいまでの愛が湧いてくる。私の体積や、これまで生きてきた経験の総量、人の抱えられる感情の容量、すべてを凌駕するほどの愛情の容積にこちらがビビってしまう。

もしこの子が障害を持って生まれてきたとしても、この量は絶対に変わらなかったと自信を持って言える。けど、そのことと、ここまで私が書いてきたことや、あの時抱えていた迷いとはなんら矛盾しない。一つ残らずすべて、生まれなければわからなかったことだ。

そして、そのことを、今私が手にしている「結果」を、あの二〇二一年の夏、オリンピックとコロナ禍と、社会的な混乱と動揺の中で、自分と赤ん坊の未来について不安を抱えていた妊娠中の私に伝えるすべは、一つもないのである。

ROUND 4

仁義なき夫婦の戦い

16週

夫婦、炎上

十六週二日。バイブでオナニーしたところ、激烈な腹痛に見舞われて心配になり産婦人科へ。

男の医者に詳しく状況を聞かれるが、正直に答えられない。幸い赤ん坊に異常はなかったが、怖くなりバイブを封印する。

巷《ちまた》で言う「もう一人だけの体じゃないんだから」が急角度から殴り込んできた。

妊娠五ヶ月に入り、いよいよ体は妊婦らしく、お腹も少しだけ膨らんで「人が入ってる」感じになってきた。

食欲は相変わらず健在で、日夜の食事はカレーにラーメンにハンバーガー、パスタチョコクロパスタチョコクロチャーハンギョーザにカラムーチョとまるで落語の「寿限無《じゅげむ》」である。

妊娠初期のいわゆる「魔の九週」「魔の十二週」と流産が判明しやすい週数（どれだけ妊婦、「魔」が多いねん！　と発狂したくもなるが）、を越え、ひとまずほっと胸を撫で下ろ……せるかと思いきや、目下の私の悩みは夫との喧嘩であった。

たいていの夫婦喧嘩がそうであるように、我が家の喧嘩も非常に陳腐、かつ凡庸である。傍から見ればなぜそんなくだらないことで、というような些細なことが火種となり、あっという間に炎上する。

たとえば、こんな感じ。

「ほら！　またしまい忘れてる。しまってってっていつも言ってるじゃん」

ああ、夫の小言がはじまった。

原因はアイスノンだ。この年の夏は熱帯夜が続き、暑さでなかなか寝付けない私に夫はアイスノンを枕にして寝ろと口酸っぱくアドバイスした。
確かにアイスノンを枕にするとよく眠れるので言う通りにするのだが、朝、ぬるくなったアイスノンを私はたびたび冷凍庫にしまい忘れた。すると、夫は必ずネチネチと文句を言うのである。

毎日です。夫

夫に言わせれば、その日の夜に冷えたアイスノンが使えず、暑くて眠れないのはかわいそうだから、ということらしい。しかし私はその言いぐさが気に食わない。忘れるのは自己責任だし、なくて困るのは私、がっかりするのも私なのだから、しまい忘れたぐらいで文句を言わないで欲しいのだ。と、まずここで最初の「カチン」が起こる。しかし、すぐに怒り出すほど私も子どもではないので少しは我慢するのだが、夫はそれに気づかず、鬼の首を取ったように何度も何度も注意してくるのである。

てめえ、こっちが鞘に収めてやってんのに、調子乗んなよ。

ここで第二の「カチン」。もうこの頃にはすでに、もうもうと煙が立ちはじめている。

だいたい、妊婦というのは一日じゅう眠いのだ。アイスノンのことなぞ忘れることもたびたびあろうに、その都度「ほら、またしまい忘れてる」と言われると本当に腹が立つ。そもそも、そっちだって色々忘れるじゃん、だけど私はいちいち文句言ったりしないじゃん、愛なんだよ、愛ゆえに、愛すればこそ大目に見てやってんのにお前はネチネチネチネチ小言言いやがってあああああ黙らしたろかい、と頭の中は発火寸前、普段なら理性でやり過ごせるような内容でも、そこはホルモンのせいで情緒のダムが決壊している妊婦、防火の手段が何もない。

ここへ来て夫が決めうちのひと言を言い放つ。

「ねぇ、僕が作った冷蔵庫の作り置き、食べるなら取り箸で取ってって言ってるじゃん。唾液が入るでしょ」

こうなるともうダメ。

「うるっせーな」

夫 毎日です（二度目）。

怒りの炎に包まれたガラの悪い妊婦の誕生である。夫は家の中が穏やかでない状態に非常に弱いので、私が少しでも悪い態度を取ろうものなら途端に手負いの猫のように過剰反応し、

「ちょっとぉぉぉ！　うっせーなってどういうことぉぉぉぉぉ?!」

かくして、夫婦喧嘩の火蓋《ひぶた》が切られる。

口汚い罵り合いののち、「もういい！　出てく！」

私が嫌気がさして家を出ようとすると、夫は「ちょっと待てよ！」と言いながら羽交締《はがいじ》めにしてくるので、私も負けじと「てめ、それはDVだっつってんだろうがぁ！」と叫びながらそばにあった夫の趣味の茶道茶碗で殴りかかる。夫は武術の有段者なので、茶碗で殴られたぐらいではびくともしない。「はいはい、もう寝ようね」と言いながら私をずるずると引っ張り寝室に連れて行こうとするのだが、私はその態度が気に食わない。茶碗は大辞泉に持ち替えられ、果ては椅子になって、家庭内スマッシュブラザーズが勃発《ぼっぱつ》するのであった。

阿呆である。

念のため言っておくと、妊娠前はこんなふうではなかった。なぜここまで、と自分でも思う。しかしこの頃の私は、たいていの夫婦喧嘩の最初の火種である相手の言動や態度に対する「カチン」、それが常時カチカチカチカチ……と鳴り続けていた。

夫は夫で、私がしつこくキーキー言っているとだんだんイライラしてきて「ちょっとは黙ってよ！」と言うのだが、私があい分かった、と黙ると途端に不安になるらしく、一分と経たずにして「ちょっと！　何か話してよ！」と迫ってくる。理不尽極まりない。黙れと言われたから黙ったのに、と私がますます頑なに黙り込むと、夫はついにはヒスを起こし「もう！　今日は事務所に泊まるからね！」と荷物をまとめはじめる。私は機嫌の悪い状態で二人が一緒にいるよりはめいめいに好きな場所で過ごしたほうが互いのためだと思うので、これ幸いと夫が荷造りする横でネットフリックスなどを見はじめるのだが、夫はその態度も気に入らないらしく、「ねぇ、いいの？」「もう出てくよ？」と騒がしい。

そのうち「本当に出てくからね！」と、吐き捨てバタンとドアを閉めて出てゆくのだが、五分もしないうちに「ねぇ！　何かしゃべってよぉぉおおお！」と言いながらバーン！　とドアを開けて戻って来、タコのようにぐねぐねと私の足に絡みついてくるのであった。

もはやコントだ。

この前なぞは出て行った拍子にドアの角に足の小指をぶつけて爪が剥がれたらしく、白い靴下を真っ赤に染め「痛い」と言いながら三十秒後に帰ってきた。最近ではもう「自分は決して出て行かないのだな」と悟ったらしく、荷物をまとめて廊下に出たくらいですぐに引き返してくる。私も喧嘩の冒頭から既にオチが見えているので、カッカしていても「今日は腹八分目くらいまでにしておこう」と力の入れ具合をセーブするようになってしまった。そんな具合なら喧嘩しなけりゃいいのに、と自分でも思うが、なにせ頭に血が上っている時には冷静になれない。なんと我々は妊娠が発覚して以来、このコントのような騒ぎをもう十回以上も繰り返しているのである。

なぜ、こんなにも夫に噛み付いてしまうのだろう。

妊婦アプリを見れば「ママの気持ちはお腹の赤ちゃんに伝わるので、ストレスを溜めないように」とか「お腹の赤ちゃんはすでに聴覚が発達し、外の世界の声も聞こえています。当然夫婦喧嘩も聞いているのであまり喧嘩しないように」とか、散々な難題を突きつけてくる。いかん、このままでは、腹の中の子の親に対する第一印象が「茶碗で殴り合い」になってしまう。

私だって、できれば毎日機嫌よく過ごし、夫に優しくしたい。けど、どうしてもできない。

彼は妊婦の夫としては何一つ文句のつけようのない良い夫なのだ。あれが食べたいと言えば買ってきてくれ、足のむくみがひどいと言えばマッサージし、姓名判断でせっせと子の名前の候補を出し、調子が悪い時にはほぼすべての家事を担ってくれる。

妊婦のパートナー専用のアプリを見ては、「今日の赤ちゃんはどんぐりくらいだよ」とか、「赤ちゃんはお腹の中にいる時には自分のおしっこを飲んでいるんだよ」とか、逐一嬉しそうに報告してくれる。

そんな夫が私は大好きで、大好きだから結婚して、けどこの溢れかえるレッドな気持ちは何だろう。マタニティーブルーと呼ぶにはアッパーすぎる。ふとこの世のすべてのしあわせを煮詰めたような平和な気持ちになったかと思えば、その直後には蛇口の壊れた水道のように涙が止まらなくなり、ほんの些細な夫の言動を思い出しては怒りの導火線に勝手に火をつけ、般若の顔で茶碗を摑んで殴りかかってしまう。

寝込むほどではないがいちいちひどい心身の変化

話は変わるが、この時期私が苦しんでいたものの一つに、体と心の変化があった。たとえばこんな感じ。

妊娠十三週。体が、痒《かゆ》い。

とにかく、痒い。耐え難いほど、痒い。これも、ホルモンのせい（何度目？）。

お腹が膨らむのだから内臓系にトラブルが起きるのはまあわかるけど、皮膚って。あらゆる手段を使って体じゅうを掻きむしっても、おさまらない。夜中も痒みで飛び起き、夫を叩き起こして手が届かないところを掻いてもらう。オンライン打ち合わせ中には、「ネットの回線が弱い」と言いわけし、画面をオフにしてパンツ一丁になり、全身を掻きむしりながら参加し続けた。相手もまさか、画面の向こうの人間が裸で体を掻きまくっているとは思わなかっただろう。

妊娠十四週。逆流性食道炎、はじまる。

大きくなった子宮に胃が押し上げられることで起きる妊婦特有の胃のむかつきである。ねばねばとした酸っぱい胃液が寝ても覚めても泉のように湧き上がり、非常に気分が悪い。仕事をしても遊んでも何をしていても、胃液が上がってくるだけで生命力の半分がさっと削がれてゆく。

妊娠十五週。尻の穴が切れる。

妊婦は水分不足になりやすく、便秘になりやすい。放っておいたらついに痔になった。トイレで大をしたあとに振り返ると、便器が真っ赤に染まっていてギョッとした。流産かと身構えたが、股ではなく尻だったのでセーフ。いやセーフじゃない。女として、いや人として大事なものを失ったような気がして泣く。

一事が万事、こんな感じ。

これまでつわりが終わったら楽になる、つわりが終わったら楽になる、とひたすら念じて待っていたのに、実際は痔、便秘、胃もたれ、頭痛、腰痛、眠気に痒みとトラブルのオンパレードである。

これらの「寝込むほどではないが、日常生活を送るうえでは心身につらいトラブル」のことを「マイナートラブル」と呼ぶのだが、マイナーというのは名ばかり、東京ディズニーランドのパレードのごとく主役級ばかりが押し寄せ終わる気配がまったくない。

ホルモン、さすがに悪さしすぎじゃないか。

「女性ホルモン」というからには女性の味方だと思っていたのに、実際は苦しみ倍増、まるで私たち友達だよねと言いながら彼氏を奪ったり、知らないところで悪い噂を広めたりする「フレネミー」みたいだ。

君は異物

私は慟哭《どうこく》した。

妊娠初期よりもっとひどい、この〝ままならなさ〟。今でも気合いというかノリとしては一個の主体的人格のつもりなのに、体のほうはもう日常生活のあらゆる都合なんかガン無視で「お腹の中にいる人の都合百パーセントで、こちとらやっていきますんで」というサインを全力で出し続けてくる。

私は胎児の創造主でありながら、胎児の奴隷であった。人間の体というのは異物が入ると免疫系が働いて異常を検知し、それを体外に排出するために全力でがんばるらしいのだが、胎児というのは唯一、れっきとした異物でありながら体内で異物として検知されず、排除のメカニズムも働かない不思議な存在なのだそうだ（『胎児のはなし』増﨑英明・最相葉月著、ミシマ社）。

私の体は異物に乗っ取られた容れ物であり、パイロットに操縦されるガンダムであり、エヴァンゲリオンであり、ウイルスによって意識を乗っ取られたゾンビであった。「子を産む」という種の保存的には百パーセント正しいことをしているにもかかわらず、なぜ母体がここまで弱体化せねばならないのか。神様の設計ミスではないか。

しかし同時に、母と子でありながら互いの生殺与奪《せいさつよだつ》の権を握り合っているというカオスな感じ、セックスですら得られない他者との一体感という妊婦特有の凄まじい快楽が、しんどさの中で時折ぶしゅっとスプリンクラーのようにすべての脳細胞から噴き出してきて、そんな時、私はただただその恍惚に淫《いん》するよりなく、何時間もベッドに寝転んでは、べろりべろりと舌で舐めるようにいつまでも味わい続けているのだった。

マトリョーシカのように日に日に目に見えてデカくなってゆく体の輪郭、お腹の中心に黒々と走る正中線。唯一良かったのは体じゅうのムダ毛がすべて消えたことだが、風呂場で裸になり、ふと鏡を見るとウスターソース色の乳首が二つ、目玉のようにドーン！　と乳房の上に鎮座しており、その喜びを相殺してゆく。

私にはカフカの「変身」の主人公の気持ちがよくわかった。「変身」の主人公のザムザ氏は一夜にして虫になったが、妊婦というのはそれこそ十月十日をかけ、爪の先からじわじわと虫になってゆくようなものである。

妊娠する前に、このことを知れたらどんなに良かっただろう。出産とは、赤子が膣から捻り出されるあのたった一瞬のことを指すのではなく、十月十日を経て地殻変動のようにゆっくりと女の心と体が変わってゆく、その長い過程のことであると。

それだけでなく、流産は妊娠した女性の十五パーセントに起きるということも、子宮頸管無力症といって予定より何ヶ月も前に赤ちゃんが出てきてしまう病気があり、そうなると仕事も家庭もすべてほっぽり出して、一刻も早く入院しなければいけないことも、妊娠糖尿病とか前置胎盤とか、いちどその状態になってしまうと母子ともに死ぬリスクのある現象がわりとひんぱんに起きることも、出産とは文字通り、命懸けの行為である、ということも。

母の、自覚……？

高校生の頃に受けた性教育の授業では、女子生徒だけが講堂に集められ、出産シーンの収められたビデオを見せられてハイおしまいで、こんなことといっさい教えちゃくれなかった。出産は産む女だけのものではなく、パートナーとの共同作業であることも、産んだら最後、その作業が永遠とも思える時間続くことも、あの時知れたらどんなによかっただろう。知っていたらきっと、街ゆく妊婦への接し方も、妊娠した友人や仕事仲間への接し方も変わったことだろう。

少子化、少子化と騒がれ、若い世代に子どもを産め、産めというくせに、どうにも我が国では出産という現象はいまだに日常生活からは切り離されたブラックボックスで、まるでウサギを追いかけて運よく穴に落ちた人間だけが初めて全容を知らされる（そして、外の世界には決して共有されない）「不思議の国」のような扱いなのである。

それでいてこの時期、私がもっとも納得がいかなかったのが、色んな場面で「母としての私」であることを迫られはじめたことだった。

ある時、妊娠前まで通っていたヨガ教室に素足にミュールで行ったところ、私の姿を見た先生は卒倒せんばかりの悲鳴を上げてこう叫んだ。

「んまぁっ！　オノさん！　妊娠中なのに素足だなんて！　母親の自覚が足りないッ！」

真夏である。
しかも、近所である。

また、この先生は私が妊娠してからも以前と変わらず出張を続けていることについて

「まあっ！　出張！　赤ちゃんがかわいそうじゃないっ！」と言った。

私はこの反応にどうしても納得がいかなかった。あとからだんだん腹が立ち、「母親の自覚とは具体的に何のことか、あなたは二十四時間三百六十五日、母の自覚を持ってお暮らしなのか、私は自覚がないのではなく、持ったうえで選んでいるのだ、そのふわっとした実体のない言葉で、どれだけ多くの女性がこれまで苦しんできたと思っているのか？」という内容を五十枚くらいオブラートに包んでメールしてしまったが、返事はなかった。

自覚というのは常に「n＝1」の事象であって、他人に押し付けられるようなものではないはずなのに、なぜ外野がこうも介入してくるのだろう。

「それ、一生続くからね」と、子どもの福祉に関わるNPOを運営するヨシノちゃんは言った。

「妊娠した途端にさ、ママであることを求められるんだよね。ママっていうカテゴリに入れられてさ、一生、戻ってこられない感じ、ハイあなたはこっちのトラック走っててねって、出世からもキャリアからも遠ざけられて、ちょっとでもママらしくないことしたら『自覚がない！』って怒られんの。私なんかさ、妊娠を公表した途端に『もうママなんだから、誰かにNPO譲りなよ』って言われたんだよ。余計なお世話だよ。そんで子ども産んだら産んだで、『ママになったから、この事業はじめたんですね』とか言われるんだよ。独身時代からやってるっつーの！」

私はおいおいと泣いた。

社会が勝手に結んだ「母」像に、自己が丸ごと回収されてゆく感じ。これまでの「私が私」であった世界と「ママA」としての世界のはざまで、行き場がなくなったようなそんな心細さ。

この感じ、何かに似ていると思ったら、ジブリ映画の「千と千尋の神隠し」で、主人公の千尋が湯婆婆《ゆばーば》に名を奪われ、湯屋で働かされはじめるあのシーンなのだった。

「いいかい？　お前の名は今日からママだ。ママなんだよ」

――そうして女だけのコミュニティに閉じ込められたまま、一生戻ってこられないんじゃないだろうか。

外部からの視線と、自分の心の実情が乖離していることへの戸惑い、赤ちゃんが来たという変な高揚と、これから先への不安とでジェットコースターのように揺らぐ気持ち。まだ産まれるまで半年以上あるのに――そう、これは序の口で、まだ妊婦であることに慣れず、「母である」ことになんてなおさらなのに――自分が自分でなくなってしまったような錯覚。そんなこんなすべて、常に脳の裏側にべったりと張り付いてちかちかと騒がしく、その濁流のような感情の矛先は結果として常に夫に向かうのだった。

この時期の私のかすかな慰めは、海外の通販サイトでマタニティドレスを眺めることであった。日本のメーカーが作る妊婦服は、どうもザ・妊婦というか、

妻が私の想像以上に大変であることをもっと知ろうとすれば良かったです。男性側は男性側で大変なのですが、うまくバランスを取るやり方を見つけたいものです。㊀

「ほっこり」と「フェミニン」を押し出したデザインのものが多く、全然しっくりこなかった。もっとこう、全身鋲《びょう》だらけとか、全身シースルーとかないの、そう思いながら海外のサイトを見ると、へそのほうまで胸元が開いたワンピースとか、冷えという言葉は私の辞書にはないと言わんばかりの超ミニとか、いったいマタニティをなんだと思っているのかと聞きたくなるデザインの服がわんさと溢れており、大変に元気がよく、心が持ち上がった。

あっ、動いたよ、元気だね

そんなある日、私は近所の助産院の健診に出かけて行った。

助産院とは医療行為以外の出産にまつわるあらゆることを取り扱う施設である。体の状態を見てもらえたり、出産に向けての心構えを教えてもらえたりと、何かと心強い。コロナ禍によって産院や行政のパパ・ママ学級がほとんど中止されているなかで、私にとっては貴重な「取りつく島」であった。うちの近所には全国的に有名な助産院であるF助産院があり、電話してみたところ「コロナでうちは初産の分娩はやってないんですが、健診だけは受けられます」とのことだったので、病院の健診とは別に通うことにしたのだ。

昭和の古い一軒家を改築したそこは、消毒薬の代わりに、ほのかな乳臭さと、古い民家特有の湿った匂いが漂っていた。置かれたちゃぶ台の前に座ると、湯呑みで茶が出てきて、健診というよりも田舎のおばあちゃん家のような心地がした。二階に足を踏み入れて、ぎょっとした。診察台の上に、生まれたての赤子が寝かされていた。

「今朝生まれたばっかりなんだよ。お母さんはすぐ隣の部屋で寝ているよ」と、そばにいたスタッフさんが教えてくれた。

タオルに包まれた、小さくて、赤くて、猿のようにしわくちゃなそれは、ものすごく弱そうなのに家一軒を揺るがすぐらいのエネルギーを放出しながら全力で泣いていて、その声を聞いているだけで体がかっと熱くなった。生まれてすぐの赤ちゃんを見るのも初めてだし、産んだばかりの女性が存在する場に居合わせたのも初めてだった。

お産ほやほやという熱い空気が建物じゅうに漂っていて、空間じゅうに血がどくどくと巡っているかのようだった。まるで世界がくるんとその子に向かって丸まってゆくようで、赤の他人なのに、この絶対的に良い存在に対して何かをしてあげたいという衝動が、体の芯を摑んで離さなかった。

お産を「おめでたい」という人の気持ちが、初めてわかった気がした。

その、大波のような声に包まれながら、襖一枚を隔てて私の診察がはじまった。

出てきた助産師さんはジーンズに黒のセーターというラフな格好で、じっくりと時間をかけて私の母子手帳を読み込んだあと、布団の上に寝転んだ私の体を手のひらで優しく触りながら、「うん、安産できそうな骨盤だね」とか、「出産に向けて体を温めてゆこうね」とか、落ち着いた声で語りかけた。

助産院のエコーはとても古く、画面は手のひらぐらいの大きさで、病院の最新式の機種とは見え方がだいぶ違ったけれど、彼女はとても丁寧に「ここが足」「ここが目だね」「綺麗に丸くなって入ってるよ」と、一つ一つ説明しながら、三十分もかけてじっくりと見せてくれた。

「あっ、動いたよ」

「元気だねえ」

助産師さんのふわっとした声が、ガリガリとした気持ちを溶かしていく。

素人目にはまだ、ざらざらとした影でしかないそれに対し、彼女は「かわいいね」「かわいいかわいい」と、目を細めながら繰り返し言ってくれ、私はお腹の子というより彼女のその言い方に、なんだか胸をぐっと掴まれて泣きそうになってしまった。命を守るための暗中模索の日々で、知らずして気持ちが張り詰めていたのだった。

帰り道、ふと思った。

ああそうか。

私は自分の不安を、誰かに、できるなら夫に受け止めて欲しかったのだ。

夫だって「妊婦のパートナー」ビギナーだ

体が己の知らない何かに変容してゆくことへの慄き、何かあれば赤ちゃんの命に直結するという恐怖、まだお腹も膨らまないうちから空気のようにまとわりつく、母になれ、というプレッシャー。

丸腰の個人と個人で結婚したはずなのに、私のほうにだけ先に「母」というレイヤーが被さり、同じ景色を見られなくなっているという現状。夫も私も、妊娠―出産というプロジェクトにおいては代替不可能なプレイヤーであるはずなのに、なぜだか同じフィールドでプレイしている気がしないという不信感。

それはつまり、育児という「本戦」が待ったなしではじまった時、我々はチームとして瓦解し、私が夫に戦力外通告を叩きつけるのでは、という不安でもあった。つまり私は妊娠してからというもの、彼に対して「おまえ、本当に子育てのプレイヤーとして信用していいんだろうな?!」という疑いを無言のうちに突き付け続けていたのである。

私たちはよく話し合った。話し合い、夫の提案により、カップルカウンセリングを受けることにした。

調べてみて驚いた。世の中には夫婦問題を専門とするカウンセラーがこんなにたくさんいることに、大半がオンラインでも相談に乗ってもらえて、初回無料のところも、夫か妻どちらか一人だけでも受けられるところもある、ということに。夫婦二人の問題を他人に話すことに抵抗がないわけではなかった。しかし、受けてみて思ったのは、むしろ「怒りに目が曇った当事者同士が、第三者の介入なしに問題を解決することなど、ほぼ不可能」ということだった。

なぜもっとはやく相談しなかったのだろう。

不安に目が曇るあまり、我々はお互いの姿をよく見ていなかった。数年の時を過ごし、相手のことをすべてわかったつもりでいたが、実際は氷山の一角を見ていただけに過ぎなかった。氷山の海面より下の部分には、今まで知らなかった彼の来歴、今の彼を形づくった豊かなあらましと、それゆえの弱さとが同時に隠れていた。互いのことをよく知らない同士がユニットを組み、頼りない命を生み出そうとしているのだから、衝突するのは当たり前である。

「あなたたちだけでなく、ほぼすべての夫婦に言えることですが」と、カウンセラーは言った。

「人がいちど愛した相手を憎むのは、相手を愛せなくなりそうな時、そして、本当は愛し続けたいと思う時なのです」

カウンセリングを受けるうち、夫もこれからのことに不安を抱いていたことがわかった。出産までの道のりは私一人だけのものではなく、彼のものでもあった。考えてみれば、私が妊娠前に知りたかったあれこれは、そっくりそのまま夫にとっても知りたかった内容であるはずだ。

男性にとっての「妊娠・出産」というライフイベントがあまり語られないのは、「妊娠・出産する本人ではないから」かもしれません。しかし、マイナートラブルで苦しむ奥さんと喧嘩する時点で旦那さんもじゅうぶん当事者のはずです。夫出産は女の神秘でもなんでもなく、生活と地続きで、女は妊娠したからといっていきなり「母」になるわけではない。ゆっくりと起きる体の変化に従い、ゆっくりと母になるのだ。それと同じで、男の側も子どもが産まれていきなり父になるのではなく、同じくらいにゆっくりと段階を踏んで父になるプロセスがなければ、夫婦二人の子育ては回ってゆかないのではないか。

私たちは「親のなり方」を知らない。一度か二度、パパ学級で沐浴のやり方を学んだくらいでは父にはなれない。女だけが先に「母」になり、男があとからついてくる、そのやり方ではもはや機能しないぐらいに、日常の在り方が、社会の仕組みが、生命の在り方からもはや逸れはじめている。

私たちは今まで以上に会話を増やした。

夫を気遣ってこれまで口に出さなかった悩みを、夫に打ち明けはじめた。産後、仕事に復帰できるかわからず不安であること、産後のいちばん大事な時期を二人だけで乗り越える自信がないこと。「母になる」ことへの戸惑い。夫は根気よく聞いてくれ、また、彼の不安についても打ち明けてくれた。話すうち、私はなぜ彼と結婚することにしたのかを思い出した。自分が一人では生きてゆけない未熟な人間だと痛感したから結婚したのだ。完璧な人間同士ならむしろ、一緒にいる必要などない。不完全な人間同士が、寄り添って生きるためにつがいになったのだ。

「母になる」「父になる」前に、私たちはまず、互いのパートナーにならなければいけなかったのである。他ならぬ、自分たちのために。

今でも私たちは、時々喧嘩をする。さすがに茶碗で殴りかかったりはしないが、冷静に、互いのアツい思いをぶつけ合う。ぶつかり合うのはいつも、子が寝たあとの深夜だ。言いたいことを言い合ったあとは、茶を飲み、いちゃいちゃして寝る。

以前は苛立ちしかなかったが、今は、違う。互いへの愛のためにそれをやっているという共通認識がある。

子どもの頃、我が家には喧嘩がなかった。

シングルマザーの母は仕事でほとんど家におらず、喧嘩する父もいなかった。夫と結婚するまで、私は夫婦喧嘩というものをこの目で見たことがなかった。祖母と母は仲が悪く、家の中は常に無言の緊張が支配していた。たまに母方の実家に帰っても、ため息と舌打ち、互いへの敵意と警戒に溢れ、生きた心地がしなかった。

夫と喧嘩していると、バカバカしいが、生きた心地がある。生身の人間と肩を寄せ合って暮らしているという安心感と、バカバカしいコントを飽きもせずに繰り返してくれる夫への感謝とが、あとにはじんわりと湧いてくる。むしろ、冷え切ってコントができなくなったとしたら、その時こそいよいよ終わりなのだ。

この陳腐で凡庸でくだらない、犬も食わないバカバカしい喧嘩を繰り返して、私たちはだんだんと親になってゆくのだろう。コントができるしあわせを噛み締めながら子を育てたい。子には呆れられるかもしれないが、息も詰まるような親より、コントのような親のほうが子も安心して「もう知らんわ」と言いながら巣立って行けるような気がする。

私は生きた心地がしません……。夫

少なくとも、私はそんな親が欲しかった。

ROUND 5

女児事変

20週

男の子？　女の子？

「あら、男の子？　女の子？」

　ある朝喫茶店でモーニングを食べていると、隣に座る九十代と思しきご婦人にこう声をかけられた。

　私の腹は、デカい。

　どれくらいデカいかというと、会う人、会う人に「今、何週？」と聞かれて、週数を答えるたびに「えっ……」と絶句されるほどである。商店街を歩いていて、ふとショーウィンドウを見ると、ひらがなの「う」の形をした人が映っていて自分でもぎょっとするが、そういうわけで妊娠五ヶ月にして臨月にしか見えない腹を抱えた妊婦は、行く先々でお腹の子の性別を訊かれることになるのだった。

胎児の性別がわかるというのは、妊娠中期においてかなりインパクトのあるイベントである。私も妊娠十八週の今、目下の関心ごとといえばもっぱらそれであった。

エコーで外性器の形が見えはじめるのは十一週以降と言われているが、性別を何週で告知するかは産院によって異なり、私の産院では二十週の健診で伝える方針をとっていた。

「まだわかりません」

私は小さな声でそう答えた。なぜ、この世代の人々は赤の他人の子どものプライバシーを聞くことにこんなにもためらいがないのだろうと思いながら。

しかし、ご婦人の耳には届かなかったらしい。

「まぁ！　男の子！」

彼女は目を輝かせると、店内に響き渡る大声で

「男の子は良いわよ！　あなた！　財産になるもの！」と叫んだ。

私はのけぞった。「モノ扱い」すっ飛ばして「カネ扱い」。この世代の人々の清々しいまでの人権意識のなさ、わかってはいても近距離からの豪速球を喰らうと内臓がえぐられる。

「男の子はねえ、嫁に行かないからいいわよ。うちは二人とも女の子だから、財産も孫も、全部向こうの家に行っちゃうのよ。ほんと、女の子って損よォ」

婦人はそのまま、娘たちの夫の実家がいかにケチで、性悪で、我慢がならない仕打ちを受けてきたかを滔々《とうとう》と語りはじめた。私は黙って耳を傾けていたが、ふと好奇心が湧いて、こう言った。

「女の子です」

「え？」

「お・ん・な・の・こ・で・す、赤ちゃん」

「まぁ！」

婦人の目が爛々《らんらん》と輝いた。

「あなた、女の子は良いわヨォ!! 女の子はね、いつもお手伝いしてくれるし、家にいつまでも来てくれるんだもの。子どもも産んでくれるしさ。息子の嫁が産んだ子より、実の娘が産んだ子のほうが、百倍はかわいいっていうわよ」

そう言うと婦人は、今度は自分の娘がどれだけ親孝行か、甲斐がいしく自分を世話してくれるかを喜びに溢れた顔で話しはじめた。

私は、怯えた。

どちらにも、したくない。

いや、こんなに手垢にまみれたスティグマを押し付けられる性別に、自分の子どもを〝させたく〟ない（ちなみに私は家の手伝いなどいちどもしたことがないし、大学卒業以来ほとんど実家に帰ってもいない）。

子育てを終えたご婦人たちの中には、子の性別について一家言《いっかげん》持つ者が多い。彼女らにどちらの性別を告げたとて、自身の長い長い生活史の中のどれかしらの痛点でも突かれたかのように、悲鳴にも似た叫び声を上げて、自身の見解を熱狂的に語り出すのである。おそらくは彼女たちが自身の人生で取り逃がした何かに対する懺悔と悔恨、コンプレックスと恨みの形を変えた噴出なのだと思うが、もしそうだったとして、私は口から泡を飛ばして語る彼女らの姿の中に、不可抗力に飲み込まれた数十年後の自分を見い出し、たじろぐのだった——とりわけ「女の子の人生」について熱心に語る女たちの姿に。

いったい、子の人生にいっさいの「女だから」「男だから」をかぶせずに生きることは、可能だろうか？

もう一つ、この時期に私を脅《おびや》かすものの中に、保育園探し、すなわち「保活」があった。

二〇二一年当時、とりわけ都市部において「保活」は多くの働く母親にとって重要なトピックだった。

「産後二ヶ月で復帰するために、妊娠中に五十園も見学して回った」

「保育園が見つからず、私しか担えない重要なポストについていたので、育休を取ったていにして家で面倒を見つつリモートで働き続けた」

「近所の保育園が全滅だったので夫の職場の近くの保育園に入れ、私しかお迎えにいけない日は往復一時間半かけて迎えに行っていた」

などの壮絶すぎる保活事情を知人・友人たちから耳にしていた私にとって、保育園探しは恐怖のイベントであった。

「ゼ・ロ・で・す！」

私はフリーランスなので産休育休もない。仕事を休むこと＝無収入なので、子を産んだらできるだけ早く仕事に復帰したかった。

特に私の子は三月生まれ、いわゆる早生まれであるため、保活には不利だった。保育園で預かってもらえるのはもっとも早くて生後五十七日以降と決まっている。○歳で預けようとすると四月の入園にはまず間に合わない。

つまり、どんなに早くても五月以降に入れることになるのだが、保育園というのは四月の時点で募集を開始して早い者勝ちで埋まってゆく。五月の時点で空きがゼロ、ということも珍しくない。

とりわけ駅に近い便利な園や人気のある園は、年度途中の入園など奇跡に等しく、必然的に選択肢は限られるのだった。

「妊娠したら即、保活したほうがいいよ、生まれて骨盤がガタガタの状態で保育園見学行くの、まじ、しんどいよ」

私が妊娠したばかりの頃、ヨシノちゃんは言った。

「妊娠中だとさ、こんなしんどいのに、って思うじゃん？　でもね」

彼女は声をひそめた。

「産んだあとはさ、時間を戻してくれ、って皆思うんだよ」


生まれる前から預け先を心配しなけりゃならないなんて、いったいどんな罰ゲーム？　そう悪態をつきながらも、くるっと不調にくるまれていた妊娠期間のうち、この時期は比較的、いや、ほんっとうに比較的に、ではあるがまだ体調が良いほうだったので、私は区役所に出かけてゆき、保育園、どんな感じですかねとジャブを打ってみたのだった。


「こちらが保育園の入所要項になります」

手渡された大量の紙の束を、私は思わず投げ捨てそうになった。

多い。

知能がゾウリムシレベルに低下している妊婦に読める量ではない。試しに開いてみると、まるで悪徳ＡＶ会社の出演契約書かと思うほど細かい文字がぎっしりと並んでいた。少年ジャンプのタイトル文字くらいの大きさにしてくれないと、ハダカデバネズミぐらい視力が低下している妊婦にはまず読めない。

仕方がないので役所の人に聞くと、彼はすまなそうに、「えっと、ごめんなさい。去年のデータをみる限り、お住まいのエリアで五月以降で空きがあった園はゼロです」と言った。

ゼ・ロ・で・す！

想定内だが想定外の言葉に、私は白目になった。

妻は妊娠して、「寄生獣」っぽくなったりゾウリムシっぽくなったりしましたが、元気で美しいのは変わりありませんでした。夫役所の人は慌てて五月以降に空きのあったいちばん近くの保育園を探してくれた。それは家から歩いて二十分のところにある、医療ミスによる死亡事故が瀕発し、地域の人々に「死に山病院」と揶揄される病院の中にある保育園だった。

このままでは「死に山病院」に毎日我が子を送らなければならない。縁起が悪すぎる。

入れるだけでもありがたいと思え、と言われるかもしれない。が、これは縁起だけの問題ではなかった。「死に山病院」は駅からも遠く、交通手段が徒歩かタクシーしかない。○歳児は自転車に乗せられないため、炎天下でも氷点下でも、雪が降っても嵐でも、歩いて通わなければいけないのである。Ｇｏｏｇｌｅマップで調べると（私はＧｏｏｇｌｅマップのレビューに依存している）、保育園の口コミ評価は星一だった。

「すみません。コロナ禍ということもあって出生率が低下しているんで、来年度はもう少し預ける人が減るかと思うのですが」

役所の人はぺこぺこしながらそう言ったが、まったく希望が見えなかった。

私は占いレベルの発言が聞きたいのではない。必要なのは、今！　ここで！

私の子どもが保育園に入れるかどうか確約されることなのだ。

認可がダメなら無認可で、と近所のベビーホテルに電話したが、満員でキャンセル待ちだという。何人待っているのか聞くと「十人です」と絶望的な答えが返ってきた。

政治家の公約とホストのささやき

なんなんだ、これは。

これだけ働く意欲のある女がいて、運よく稼ぎ口にありつけているにもかかわらず、預け先一つ見つからないなんて、いったいどうなっちまってんだい。

私は江戸っ子口調で啖呵《たんか》を切りそうになった。保育園が見つからない場合、仕事を失うのは高確率で女である。「男女共同参画社会を」とか「女性が輝く社会に」とか、政治家の言うことはホストの言う「愛してる」より軽いんじゃないか。

私は嘆息した。

そして、にわかに子の性別を知るのが怖くなってきた。

いや、性別を知るのが怖いのではない。お腹の子が女子だと知ることが――つまり、この社会に女児を産み落とすことが、怖くなったのである。

生きてるだけで女にとってハードモードなこの国で、女児を産みたくない。

いつだって女が割を食う

「女であるってだけで、期待されるものが大きすぎるんよ」と熊本出身のしぃちゃんは言った。

「うちの実家のあたりなんかさ、田舎やけん、いまだに女は男を支えて子を産んで、育てて、そのうえ、若くてきれいで、男に楯突かないっていうのが価値だと思われとるもんね」

わかる、と私。

「なんか女ってさ、ルービックキューブ全面揃えなきゃしあわせじゃない、って言われてるようなフシあるよね。つまりさ、良い妻、良い母で、かつ仕事もできて、それでいていつまでも若くて美しくて、人生が充実していて、みたいなさ。そういう完璧な存在じゃなきゃ、どこかしらダメ出し食らうようなさぁ、減点方式で見られるみたいなさ、そういうところ、いまだにあるよな」

「でも、そんなん無理じゃない？　社会保障なんて、なぁんにもなってへんしさ。給与なんて数十年間ずっと上がってへんしさ。日本全体が貧しくなってる中でさ、子ども育てるなんて、もはや罰ゲームじゃん？　それなのに社会全体の建前としてはさ、女はいまだに子ども産んで当たり前。親の介護もして、夫の世話もして、そんでもって綺麗にしてないと『女、捨ててる』とか言われんの。ほんと、何かしらおかしいよな」

産んでおっぱいが垂れるのも女、腹がビロビロになるのも女。医学部入試で減点されるのも女、性犯罪にあった時に「そんな格好してたから」と加害者よりも被害者の落ち度にされるのも女、出産したらマミートラックに乗せられてキャリアを失うのも女、就職の時に差別されるのも女。女、女、ぜえんぶ、女。

ジェンダーギャップ指数がいまだに百位以下のこの国で、政治家が「女性はいくらでも嘘をつける」と公言するこの国で、いつまで経っても男性が下駄を履かされ続けるこの国で、女の子をしあわせに育てる自信が、私には、ない。

「で、みゆきちゃんは今のとこ、ぶっちゃけどっちが欲しいの？」

「うーん。どっちかを積極的に欲しいわけじゃないけど、どっちか選べって言われたら……消去法で男の子かなぁ。……なんていうか、できるなら、子どもには私と同じ苦労はして欲しくない」

私はどちらでもよかったのですが、それは「女性の苦労を知らない男」だからかもしれません。男は男で苦労があるのですが、それはまた別の話ですね。夫そ・う・な・の・で・あ・る。

つまり！　自分でも気づきたくなかったが、これはつまり、親のスーパーミラクルウルトラエゴなのだ。

普段は一向に改善しない男尊&女卑社会にぷりぷりと腹を立てているくせ、いざ我が子のこととなると、これはもう、お願いだからほんの一ミリ、一ミリだけでも楽に生きられるほう、もっと言うと最初から下駄を履かせてもらえる側、この不条理に一生触れずにいられる側、社会が不平等であってもなぁんも困らんし、なんなら得する側であって欲しいという、浅ましく軽率でグロテスクな、親の欲望なのであった。

なんていうかなあ、本当にこれは嫌なことではあるけれど、生まれついた環境やらなんやらに並び残念ながら我が国では性別もいまだに人生に多大な影響を及ぼす「呪い」なのである。

そんなの関係ねえ、と勇ましく言えればどれだけ良いだろう。しかしこの状況は、どう見ても一朝一夕には変わりそうにないし、私だけがイキんだところで、いったい何の意味があるんだろう？　と、これまで「変わらずに来た」時間の堆積に、まるで砂地にひしゃくで水をかけ続けるような徒労感を覚えるのだった。

「ああ、ジェンダー教育？　だめだめ」と男子高校生の母であるペコさんは言った。

「うちもさぁ、息子にはできるだけ性別に振り回されて欲しくなかったから、小さい頃から口すっぱくして、男だからとか、女だからとか、もう関係ないんだよ、あなたも好きに生きていいんだよって言いながら育てたのに、中学で野球部に入った途端に染まっちゃってさ。男らしくないからピンクのタオルは使いたくないとか、ママチャリには乗りたくないとか言い出してさ、やんなっちゃう」

ペコさんはため息をついた。

「結局、周りの環境から受動喫煙みたいに吸い込むのよ。親だけ禁煙しても無意味」

……そんなこんなで、子どもの性別というのは考えただけでどうにも気持ちがしくしくする、けれども早く知りたい複雑なトピックであった。エコー検査のたびに「先生！　どうか！　ヒントだけでも！　ダメならちらっとでも赤ちゃんの股間を映してもらえませんか？　自分で判断するんで」と懇願し、先生からは「まだ見えませんし、言えません」と冷たくあしらわれつつ、ついに妊娠二十週を迎えようとしているのだった。

「俺もそんな気がしてた」

ある夜、私は夢を見た。

女児を出産する夢だった。

なぜか私は出産直後で、知らない大きな病院でパジャマを着たまま女の子を抱いていて、それなのにあわてて仕事に行こうとしていた。

女の子はすでに四、五歳くらいの大きさで、頭の良さそうな額をしていて、私にも夫にも似ておらず、大きな目でじっと私を見つめていた。周りにはなぜか仕事相手やこれまで関わりのあった編集者が並んでいて、口々に「おつかれさま、おめでとう」と言いながら拍手をしていた。

その状況で、私は、あちゃー、と思っていた。あちゃー、女の子だったか、と。女の子は仕事に行こうとしている私を、引き止めるでも送り出すでもなく、ただただじーっと、その大きな目で見続けていた。

目が覚めて、なんて夢を見てしまったのだ、と思った。カレンダーをふと見ると、明日がちょうど二十週目、健診で性別が言い渡される日だった。

胸騒ぎがしてたまらず、産院に電話をし「本来は明日の予定だけど、今日、健診に行っていいか」と聞いた。良いというので急いで病院に行った。

先生はエコーを見て

「まぁ、まず間違いなく女の子でしょうね」と言った。

「ペニスが見えないので、間違いないです」


その時感じたことについて、私は今でも説明がつかない。

聞いた瞬間、私はほろほろと涙をこぼしていた。

肩甲骨のあたりから、甘い、許しにも似た痺れと弛緩が体じゅうに溢れ出て、筋肉を、骨を、神経をすべて溶かすような、あたたかな喜びが全身に満ちた。安堵と同時にどきどきと心臓が高なった。

この世の中に、私が！　女の子を生み出すのだ、生み出せるのだ！　きっと素敵な女の子に違いない。そう、スタッカートのように強い確信が、体じゅうに鳴り響いた。絶対しあわせになるよ。だって、女の子だもん。

なぜこんなふうに感じるのかまるでわからなかった。少し前まで、女の子を産むことにあれだけ否定的な気持ちになっていたのに。

今や私は二重に喜びを感じていた。まずは、お腹の子が女の子であることに。そして、それを私が喜べているということに。

これまでドラマなどの中で、医者からお腹の子の性別を告げられて登場人物が喜びの涙を流すシーンを目にするたびに、「なぜ性別がわかったくらいで泣くのだ」と思っていたが、今の私にはよくわかった。

飛び跳ねそうな勢いで産院を出て、すぐに夫に告げた。夫は「俺もそんな気がしてた」と適当なことを言った。

子の名前に関しては、妊娠の比較的早い段階からすでに夫と私で決めていた。男の子っぽくも女の子っぽくもない名前なので、これまでは「〇くん」と呼んだり、「〇ちゃん」と呼んだり、さまざまだった。

夫がその名前に「ちゃん」をつけて「〇ちゃんだな」とLINEで送ってきたので「〇ちゃん」と口に出して言ってみた。

〇ちゃんは、これまでと同じで外の世界のことなど我、意に介さずといった感じでお腹をぽんぽん蹴りまくっていたが、それまで宙に浮いていた名前が、急におさまるべきところに着地したような感覚があった。

これから生まれるすべての女の子のために

あの夢はいったい、なんだったのだろう。あれでもし、お腹の子が男の子だったら、私はどう感じたのだろう。きっと同じだけ感動しただろうとは思うが、あの時感じた喜びとはまた別のものになった気がする。

以前読んだ本の中で、印象に残っているフレーズがある。

「母親や父親の中には、実の子に対して『自分が生きられなかった人生』『こうであるはずだったかもしれない人生』を生きることを期待する者がいる。けれど実際は逆である。母親、父親の人生こそが『その子どもが生きたかもしれない人生』の、可能性の一つでしかない」

親の親、つまり祖父母の人生も、そう。親の人生を「if＝1」とするなら、祖父母の人生は「if＝2」、曽祖父母の人生は「if＝3」、その前は「if＝4」……。私が血を受け継いだ者たちの生きた道筋は、今ここにいる私が「生きたかもしれない人生」、「そうありえたかもしれないが、そうはならなかった――それを選ばなかった人生」の一つのバリエーションでしかないのだ、と。

それを読んだ時、心を覆う分厚い油膜が洗い落とされたようにふっと気持ちが軽くなったのを覚えている。

私は母に、ずっと「彼女のif」つまり、彼女がそう生きたかった人生、そうであったはずの人生を期待されているような気がしていた。けれども実際は、母の人生こそが「私のif」、つまり、私が生きたかもしれない、その道を選んだかもしれないけれど実際には選ばなかった人生の「n番目のバリエーション」なのだ。祖母の人生も、そう。時代が違えば、私はもしかしたら、祖母のように生きたのかもしれなかった。けれどもそうしなかった。

そうやって家族というものは歴史を更新してゆく。それが遺伝子の作法であり、役目なのではないだろうか。過去に生きた女たちが残した、無数の分岐点を切り捨てて、私は今の私の人生を生きている。

そう思った時、私の目の前には数限りない選択肢が広がっているように思えた。それらのうちのどれを選んでもよく、またどれを選んでも「私の人生」にしかなりようがないのだった。

思えば、私が女の子を産むことに対して感じていた不安は、母が私を扱ったように、私も娘を扱ってしまうのではないか、という恐ろしさでもあった。無事に出産を終えた今、娘の「選ばなかった人生」、つまり「娘の一つ前のバリエーション」としての、私の人生がはじまったように思う。

娘のとも母のとも違う、私の人生だ。

娘もいつか、母である私の人生が、自分の人生の単なる一つのバリエーションでしかないと気づくだろう。その時、本当の意味で自分自身の人生を歩みはじめるだろう。できれば、そこには呪いがないといい。女としての呪い、娘としての呪い、母としての呪いが。

女に対して投げかけられる、〝こうあるべき〟という身勝手な視線が、抑圧が、歴史と伝統という接着剤によってべっとりと社会に固着した偏見が、娘の道を細らせ、ふさいでしまわないように。私にできることは、彼女が大きくなるまでに、社会の中のそれらをできる限り減らすことだ。母だからではなく、彼女の前の時代を生きる、彼女が生きなかった人生を生きる、一人の女として。

それは娘のためだけではなく、これから生まれるすべての女の子のために、である。

私が子どもにできることをここに書くべきかどうか迷いますが、その時その時を楽しく生きられる気持ちと、ここで言う「呪い」が「呪い」だときちんとわかる知恵、そして自分の人生を生きる意志を持てるようサポートしていきたいです。夫

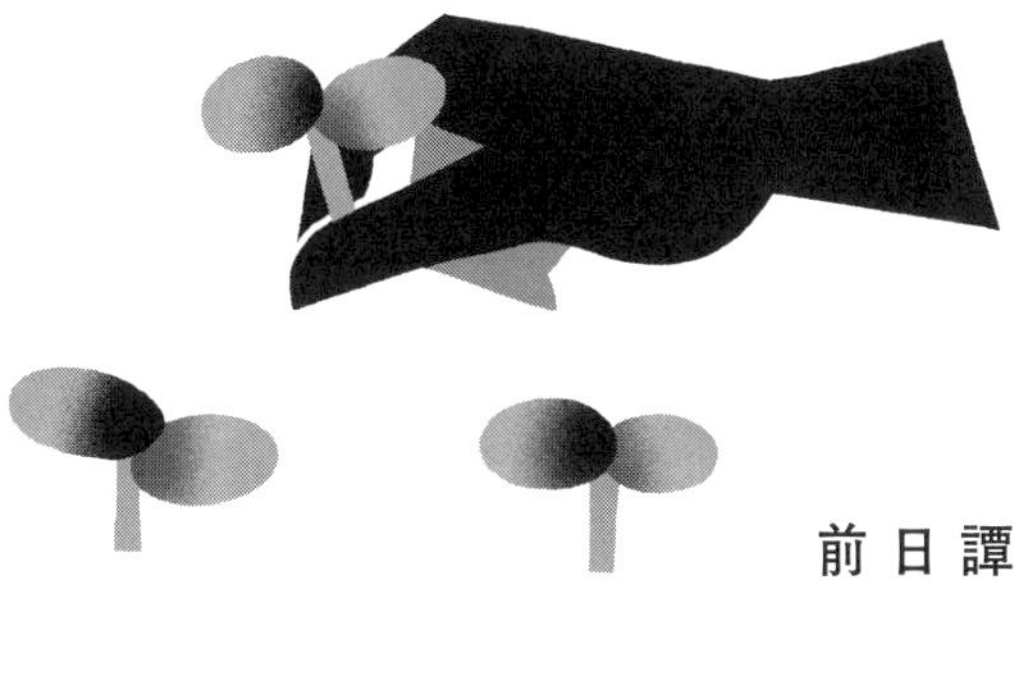

前日譚

産むのを
手放した時のこと

おかしなことになったな

かつて、いちどだけ妊娠を途中でやめた経験がある。

妊娠検査薬の陽性を示す赤い印を見た時、心に真っ先に浮かんだのは、おかしなことになったな、という人ごとめいた感想だった。

私は未熟で、当時のパートナーとは結婚する予定はなく、人生の何もかもについて準備不足だと感じていた。準備ができていないのにその先の未来に飛び込めるほど、自分のことも相手のこともまだ愛していなかったように思う。

パートナーは知らせを受けて「産むつもりなら結婚しよう」と言ったが、私には二人の何もかもが散り散りになる未来しか見えなかった。
まさか、毎月二十八日周期できっちり生理が来る女が、生理開始予定日の五日前にセックスして妊娠するとは思わなかった。
こういううかつさも含めて、私は私自身が信用ならなかった。自分のことも相手のことも、信用する材料がなさすぎた。

判明したのは妊娠六週の二日目で、一週間悩んだ。相手の反応や意志や感想はさておき、私は私のこととして受け止めた結果、産まない、と決め、七週の後半から手術を行うクリニックを探しはじめた。

Ｇｏｏｇｌｅに検索ワードを入力すると、あまりにも多くのクリニックが手術を行っていることがわかり、情報の多さに眩暈がした。ほとんどの病院が女性の罪悪感を和らげるためなのか、「中絶」という言葉の代わりに「人工死産」という言葉を使っていた。

色々検討した結果、家の近くの、以前ピルを処方してもらったことのある評判の良い産婦人科が手術も行っているとわかり、そこで予約を取った。病院に電話をすると、手術を行う前にいちど検査をして、それから手術の日取りを決めようということだった。

同意書と男性の署名欄

検査を受けに行った日は連休前でとても混み合っていて、待合室は女たちでパンパンだった。当たり前だが、これから授かろうとしている女も、これから堕ろす女も、あるいは授かったばかりの女も、待合室に並んでいる段階では見た目にはいっさい、区別がつかないのだった。

先生は色々なことを調べたあと、

「九週で手術をしましょう」と言い、「それまでにこれを書いてきてね」と手術の同意書を手渡した。

同意書には相手の男性の同意を示す欄もあり、パートナーの名前と住所を書いてもらってきて下さい、と病院のスタッフは言った。

「産むのも、堕ろすのも、全部女性の体に起きることなのに、なぜ相手の男性の同意が必要なのだろう」と私は不思議に思った。パートナーが応じなかったら？　相手が行方をくらませていたら？　頼めそうもない相手だったら？　いったいどうするのだろう。

あとで知ったことだが、相手の男性の同意は任意で、必ずしも必要というわけではないらしい。そのような説明は書類を手渡された時にはいっさいされなかった。

ほとんどのクリニックの中絶手術の同意書には、男性のサインをする欄があるそうだった。一応、手術をしたのちに医者が相手の男性から訴えられる可能性を減らすためだそうだが、この欄があるだけで萎縮して手術をあきらめる女性もいるのではないか、と思った。

手術の前日にクリニックから電話があり、「明日の朝は八時半に来てくださいね、夜中には水も、食べ物も取らないでください」とのことだった。

手術の怖さというより、妊娠九週に入り、すでにつわりで、どうしようもない眠さが勝った。当日きちんと起きて時間通りに病院に到着できるかのほうが心配であまり眠れず、三時頃に寝ぼけて水を飲んでしまった。「あ、しまった」と思い、慌てて「手術前　水を飲んでしまった」で検索し、「少量なら大丈夫」と書かれていたので、安心して寝た。

朝、凄まじい喉の乾燥で目覚めた。パートナーと一緒にタクシーに乗り、産婦人科に向かった。

産婦人科に着くと、通常の診療とは別の、控室のようなところに通された。

控室は物置のように段ボールが積み上がっており、この病院で健診を受ける妊婦さんも使う部屋のようだった。

パートナーは変に萎縮したり、ソワソワしたりせず、終始落ち着いていた。自分がすまなそうにしていたら、私の立つ瀬がないと思ったのかもしれない。そういうところは好ましい、と感じた。

彼は冷静に今回の私の決断を受け入れていた。ように思えたが、本当のところはどうかわからなかった。

看護師に呼ばれ、パートナーは個室で待つように言われた。

この時、同意書を提出した。

先生から軽い説明を受け、手術前の処置に向かった。

日本では人工死産に「そうは法」という昔ながらの方法をとるクリニックが多いらしく、私はこの病院もそうなのだろうと思っていたが、中絶手術は年々進化しており、ここでは「手動真空吸引法」という最新の方法と器具を取り入れている、ということをこのタイミングで知った。ＭＶＡ法といい、超小型の掃除機のようなチューブで子宮の内容物を吸い取る方法で、こちらのほうが子宮を傷つける心配がなく、女性の体に与えるダメージが少ないのだという。

知人の医者と以前、中絶について話した時には「日本はどこもそうは法だよ」と聞かされていたので少し怖がっていたが、医者でも自分の専門外のことについてはアップデートされていないこともあるのだな、と思った。

そんな優しい手術方法があるなら、なぜ広まらないのだろうか。

また、経口中絶薬が使われないのはどうしてだろうか。

ＭＶＡ法の場合は子宮に細い管を入れて行うため、手術前の処置が必要ない。そのこともメリットの一つなのだが、この病院では行うそうだ。あるいは、私の子宮頸管が平均より細いと先生が言っていたので、念のためかもしれなかった。

足をパカッと開く診察台に乗せられ、膣を洗浄した。

続いて何かが挿入される感触があり、「少しちくっとしますよ」という声とともに、膣のいちばん奥のあたりに洗濯バサミで挟まれたような痛みが走った。びっくりして思わず「いてっ」と言ってしまった。

中絶が可能なクリニックでは、どこもかしこも「手術は痛みゼロ！」「寝ている間に終わります」と、痛みがないことを喧伝していたので、私は安心しきっていた。「痛いじゃんか」と思ったが、よくよく考えるとこれは「手術中」ではなく「手術前」の処置なので、嘘ではないのかもしれなかった。

ちくっ、が三回あり、何かが押し込まれる感触があって、「はい、これで二時間待ちます」と言われた。

それから、生理痛のような軽い痛みが下腹部にやってきた。

待ち時間は、暇だった。喉が渇きすぎ、目は痛かった。相変わらず、生理痛のような軽い痛みが続いていたので、ベッドの上で四つん這いになりながら、持ってきていた小説の原稿を直した。

他にすることがないので仕事がはかどる。時々、廊下から赤ちゃんの泣き声が聞こえてくる。

その病院は八床しかないとても小さな個人の産院で人気があり、出産は予約が取れずキャンセル待ちなのだと聞いていた。

私が寝ている控室は手術室のすぐ隣にあり授乳クッションやベッドのようなものがあって、ここにも産んだばかりの女性が宿泊するんだ、と知った。

産むのも、堕ろすのも、同じ部屋なんだな、と思った。

二時間が経ち、手術室に通され、仰向けに寝て足を固定された。

『セックス・アンド・ザ・シティ（SATC）』というドラマのシーズン4で、主人公の友人であるミランダが予期せぬ妊娠をするエピソードがある。彼女は中絶手術を受けようとするのだが、その直前に「やっぱりやめる」と言い、産む決意をする。

私も手術を受ける直前に自分が「やっぱりやめる」と言い出すのではないかと少し思っていたが、まったくそんな気持ちは起こらなかった。

これは私の決断で、納得して出した答えなのだ。

先生が入ってきた。

手術には三種の麻酔を使うらしく、まずは痛み止め、次に笑気麻酔、次になんとかかんとかの麻酔を入れます、という説明があった。私は麻酔が効きすぎるほど効く体質なので、あまり心配していなかったが、もし万が一効かなかったらどうしようと怖くなり、体が硬くなった。看護師さんはそんな私のかちこちの腕を取り「はい、では点滴を入れます」と言うと、少し血管につんとする刺激が……。

あっという間だった

「はい、オノさん、終わりましたよ」

驚いて、私はばっと上体を起こした。

何もかもが終わっていた。何も覚えていなかった。先生はもう居なかった。ホラー映画のゾンビのように突然起きがった私を見て、看護師さんはびっくりして少し笑った。何分経ったかもわからなかった。手術前と違うのは、直前に自分で脱いだパンツをいつの間にか穿かされていたことだけだった。

足取りが確かだったので、私は歩いてまた元の部屋に帰った。きびきびと動く私を見て、看護師さんがなぜか頷いていた。

個室に戻ると、生理痛を少し軽くしたような痛みがやってきた。子宮が内容物を失い、収縮をはじめるので、生理痛と同じような痛みが起こるのだそうだ。

横になってぼーっとしていた。何一つ、手術前と変わったところはなく、この少しの痛みだけが、私のお腹の中に胎児はもういないんだ、と感じられるただ一つの手がかりだった。

痛みは十五分ほどすると治ったので、寝そべったまま原稿の続きをやった。もう妊娠は終わったのに、妊娠の徴候は続いていて、胸は張っていて少し眠く、喉はカラカラに乾いていた。しかし、ほんのさっきまでは続いていた、体じゅうの細胞がぱつんぱつんに張り切っているような、何かが詰まった感覚——お腹だけでなく、指先に至るまで——が消えていることに気づいた。

夢中で原稿をチェックしていたので、看護師さんが部屋に入ってきたのにも気づかなかった。名前を呼ばれ、びっくりして「はい！」と大声で返事をし、「その調子なら問題なさそうね」と言われ、今日、最初に入った控室に戻った。

パートナーが待っていた。泣きそうな顔をしているので、思わず「大丈夫だって」と笑いながら言った。

「全然、大丈夫だって」と言いながら、お水をごくごく飲んだ。

先生からは、二週間はセックスしてはいけないこと、これから二、三日、膣から血の塊が出るかもしれないことを伝えられた。

支払いを済ませ、看護師さんに「タクシーを呼びますか」と言われたが、私は最寄り駅のそばにある有名なハンバーガー屋に寄りたかったので「歩いて帰ります」と言うと、彼女はまたびっくりした顔をしていた。

ハンバーガーショップでの会話

ハンバーガーショップで、私はモッツァレラチーズ・ベーコンバーガーにアボカドとダブルパテのトッピングをオーダーし、追加でクリスピーポテトサワークリーム添えとタピオカ抹茶ドリンクを頼んだ。

とにかく、腹が減ってしょうがなかった。

パートナーも私と同じで朝から何も食べていなかったにもかかわらず、アイスティーしか頼まなかった。

注文した品が運ばれてきた。

ベーコンのつやつやした脂身を目にした途端、突き上げるような食欲が胃の底から湧いてきて、脇目も振らずにもりもりと食べた。とにかく、何かで腹を満たしたかった。食べ終わり、まだ足りなかったので追加でマッシュルームチーズバーガーとチキンウィングを頼んだ。パートナーは無言でアイスティーを啜っていた。

『SATC』の中で、ミランダは中絶手術を受ける直前、主人公のキャリーにこう聞く。

「手術って痛い?」

キャリーはこう返す。

「痛くないわ。気分がよくないだけ」

分厚いハンバーガーにかぶりつきながら、私はキャリーが言う「イヤな気分」がやって来るのをじっと待った。しかし、どれだけ待ってもそれは一向に訪れなかった。代わりにやってきたのは、

「ああ、私は、人生を自分で選んで、自分で決めたんだ」という充実感と、深い納得だった。

ああ、私は自分の人生の大事な岐路において、自分の頭で考えた末に〝そうじゃないほう〟――流れに乗らないほう、自然ではないほう、これまでと変わらないほう――を選んだんだ。私は私の人生を、自分でコントロールしたのだ、というびりびりとした充足感と開放感が、下腹のあたりから潮のように満ちてきた。

こんな感覚は生まれて初めてだった。

思えば私はこれまでの人生で、ほとんどそういった経験がなかった。親に勧められるまま進学し、特にやりたいこともなく、なし崩し的にものを書く仕事につ

いた。他人からは「選んだ」ように見えるかもしれないが、実際は、何も選んでこなかった。

私にとって、選ぶことは最大の恐怖だった。

間違えたね、と人に言われるような選択を取ることが。

皮肉にもこんな状況になって初めて、私は自分の人生において、周囲の意見や社会の風潮に惑わされず、明確な自分の意思を持ち、人生の舵取りをしたのだ。

清々しい気分だった。

予想もしない気分に驚いたが、これは子どもを棄てたこと自体に対して湧いているのではなく、自分の人生の、もっと奥深いところからやってきている、ということはわかった。

その気分に浸りながら、マッシュルームチーズバーガーを咀嚼し、チキンウィングを食いあさり、デザートのティラミスまでを平らげた。

食べながら、気づいた。

ああ、この感覚をこれまで培ってこなかったからこそ、私は子どもを持つ勇気が持てなかったのだ、と。

私にはもっと、人生を選ぶ経験が必要だった。私がもっと、胸を張って自分の生き方を選択したんだと思える時が来たら、そのことを自分の子どもに恥じないでいられる人間になったら、その時は親になろう、と。

この経験によって初めて、私は自分が子を産み、育てるということについて、実感が持てたのである。

私は向かいに座るパートナーに言った。

「私、たぶんいつか子ども、産むわ。今は産めないけど、将来、自分が産んでいいって心から思えた時には、産むわ」

パートナーは目を丸くしたが、そのうち黙って頷いた。私たちはそのあと二人で暮らす家に帰り、パートナーは仕事へと出かけた。すっかり日が暮れていた。

腹痛が起こることもなく、ただ、疲労感があった。

いつかは母になるという、これまでは頭の片隅にしかなかった感覚が、ねっとりとした重量をおびて、体の隅々にまで広がっていた。このままそれが育つか、それとも時間と共に消えてしまうかはその時はまだ、わからなかった。ただ、この感覚を私はずっと忘れないようにしよう、と思いながら眠りにつき、朝までこんこんと寝た。

次の日、三十八度台の熱がぱあっと出て、ぱあっと下がり、それで私の中絶は終わった。日本のドラマでよく見るような、女の人が悲壮感溢れる雰囲気で泣き崩れたり、術後の痛みにうめいたり、といったことは何一つなかった。

費用は全部で十二万円だった。その時の私は、とても高い、と感じた。

伝えたかったこと

あの時のことはいくつかの反省はあれど、一つも後悔はない。何も恥ずかしいことはないし、他人にどう思われてもいい。

この経験をしたのち、私は同じ経験をしたことのある何人かの友人たちと、ふとした拍子にそれぞれについて話す機会を得た。皆、それぞれの言葉で、それぞれのできごとを語った。

「びっくりするぐらい何も感じなくて、私には人の心がないのかなと思った」と言う子もいれば、

「目の前のいくつもの扉が、バタン、バタン、と閉じてゆくような感覚だった」と言う子もいた。

「母に産んでくれと懇願されて、母を気持ち悪いと思った」と言う人もいた。

驚いたのは、私が思っていたより多くの女性が同じ経験をしている、ということだった。

日本では現在、全女性のうちの七パーセントが生涯で人工死産を経験するという。予想よりも多いな、と感じたが、それは彼女たちが言葉を持つ機会が、きっとものすごく少ないせいではないだろうか。

この本は妊娠出産エッセイなのに、なぜ対極にある話が書かれているのか。ひどいじゃないか、こんなの読みたくない、と思う方もいるかもしれない。ただ、これも妊娠出産にまつわる私の体験である。何より、これを今回書こうと思ったのは、私が産んだのが女児であることと、深い関係がある。

現在、中絶をめぐる社会の状況は、世界的に過酷だ。

日本ではようやく、経口中絶薬が認可されたが、いまだ女性の体に傷をつけるリスクの高い「そうは法」が主流であり費用は高い。

アメリカではほぼ半分の州で妊娠六週以降の中絶が禁止され、手術を行った医師や医療従事者まで厳罰に処されるという法律ができた。これから先、日本でも同じようなことが起こらないとも限らない。ラテンアメリカの多くの国々では、いまだに中絶の自由がない。

しかも、こうした状況はほぼすべて、望まない妊娠によって苦しむ女性本人とはまるきり無関係の人々（そのうち半分は一生妊娠することのない男たちである）がテーブルの上で勝手に作ったルールによって起きている、そのことが私には、何より耐えがたい。

いちどだって他人に体を侵害されたことがないから、こんなことができるのではないか。自分の体をどう扱うか、その権利を他者が阻害することが、果たしてどのような意味を持つか。それがわかっていたら、人間を人間の条件から引き離すような真似は到底できまい。

当たり前のようにあるべき、産む、産まないに関して、他ならぬ女性自身が自分で決める、という感覚が、現代社会においては欠乏しているように思う。そしてそのことが、社会全体が女性をどういう存在として捉えているかを如実に表している。

この国に子を増やしたいと願うなら、産ませることより先んじて、女のしあわせをいちばんに考えるべきじゃないだろうか。産み育てる女性本人のしあわせなくして、子がしあわせに生きることなどあり得ない。

それなのにどういうわけか、社会全体の利益について考える時、女性の幸福は議題のリストにすら載らないのである。

話を戻すと、娘が大きくなった時、私はこの時の経験をきっと彼女に話すだろう。そしてこう言うだろう。

もしあなたが同じ迷いを持つことがあれば、その時は迷わず、誰にもおもねらず、あなたがあなた自身の責任において、自分がいちばんいいと思う選択を取りなさい、と。

あなたの選択は、何人たりとも侵すことはできないし、侵すことを許してはならない、と。

それをたとえ誰から批判されたとて、決して恥じる必要はない、と。

あなた自身の幸福がいちばんで、その前にはどんな社会的事情も、偏見も、世間体も、倫理も伝統も、平伏すのだ、と。それはこの世のどんな人間にとっても等しく同じだ、と。

そうすることが、私がこの時の経験を役立てる唯一の方法であるように、今は考えている。

ROUND 6

母性

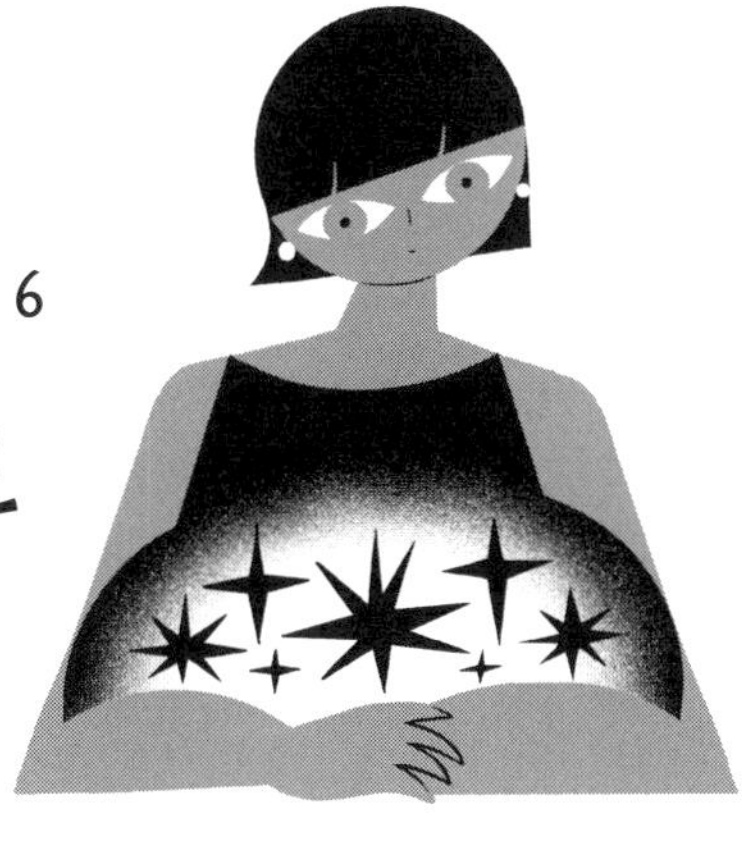

【母性】　ぼせい（『大辞泉』より）

女性のもつ母親としての性質。母親として、自分の子供を守り育てようとする本能的特質。「母性本能」「母性保護」⇕父性。

【母性】　ぼせい（私の辞書より）

ただのホルモンバランスの狂い。にもかかわらず、世間的にはいまだにすべての女性が等しく持ち合わせているように言われたり、持つべきもののように言われるもの。

毎日のウンコの量と同じく、人によって多かったり少なかったりする。ので、間違っても全員同じだと思ってはいけない。

私の場合、妊娠中はこれが爆発し、杖をついて歩いている老人を見れば「その年まで生きててえらいね……！」と感涙し、近所の中学校から合唱の声が聞こえてきただけで「一生懸命歌っててすごいね……！」とむせび泣いていた。生きとし生けるものすべてが愛しく、この世が輝いて見えたが、産み終わった今となっては〝そこそこ低め安定〟で落ち着いている。ただし産む前には街のノイズでしかなかったそこら辺の子どもが全員かわいく見えるようになったので、まったく〝ない〟とは言い切れず、複雑な気持ち。

人間はつくづく身体の奴隷である、と教えてくれるいち要素。

ROUND 7

準弱者である自分を認める

24週

前にできたことが、できない

冬服の衣類ケースを衣替えのために押し入れから出して、すぐにしまった。今年の冬は特別な冬になると気づいたからだ。

あっという間に十一月。子は七ヶ月。体は縦横にすごい勢いで伸び、これまで着ていた服はパンツからブラから何もかもが入らない。これまでなら絶対に着なかった、毛虫のようにもっさりとしたマタニティ服に身を包んで過ごしている。

マインド方面に関しても、これまで私は暴力満載のアクション映画が大好きで、拷問シーンもどんと来いだったのに、最近は「007」を見ても「ジェームス・ボンドも誰かがお腹を痛めて産んだ子なのだからあまり痛くしないであげて

夫 妻はとても悲しんでいました。どう慰めたらいいのかわからなかったので、とりあえずご飯を食べに行った記憶があります。

……！」と作中には登場しないボンドの親の気持ちで見てしまい、いまいち楽しめない。代わりにYouTubeで「五つ子ちゃん大行進！　ハロウィンで大騒ぎ！」などという題の動画を見ては目尻をふにゃふにゃにさせているのだからたまったもんじゃない。勝手に「母」のOSがインストールされ、自分が上書きされてしまったよう。私たちが普段個人の性格だの嗜好だのと呼んでいるものは所詮、ホルモンのごった煮にすぎないのだと痛感する。

体型も人格もひたすら角が取れ、◯《まる》に近い存在になってゆく。ただの胎児の容れ物と化したかのようなぼんやりとした生き心地。しかし容れ物のほうにも依然として生活はあり、そのせいで最近はまったく困っているのだった。

たとえば、尿もれ。

妊婦の膀胱というのは子宮が大きくなっているせいで常に圧迫されており、ちょっとしたことで失禁する。ある日など、ユニクロの店内で急に尿意をもよおし広大なフロアでトイレを探して彷徨っていたところ、娘に特大のキックをお見舞いされて盛大に失禁した。幸い、分厚いタイツを履いていたので周囲にバレずに済んだのだが、いい歳しておもらし、体の事情が事情だけに仕方がないことではあるのだけど、人間の尊厳を根こそぎ持っていかれた気になる。

ついで、息切れ。

妊娠するとお腹の赤ちゃんに血液を送るために血量が一・四倍（！）になる。その血液を循環させるために心臓に多大な負担がかかり、ちょっとしたことで動悸息切れに悩まされる。仕事で人前で話をした日など、少し声を張っただけで五百メートルを全力疾走したような動悸が襲い、「はぁはぁ……ですから……はぁはぁ……私は……」と途端にエマージェンシー・モード、まるで不審者である。


そして、歯。

妊娠するとカルシウムがお腹の子に奪われるため歯が弱る、とよくいうが、神話だとたかをくくっていたそれは唐突にやってきた。去年入れたばかりの歯の詰め物が取れたのである。

外食をしていて急に奥歯にがりっと硬いものが当たり、口から出してみると白い何かの破片であった。てっきり料理に入っていたのだと思い込み、ウェイターさんに「あの、料理にこれが入ってたんですけど……」と告げると、ウェイターさんはそれをしげしげと眺めたあと、ものすごく言いにくそうに「恐れ入りますが、そちらはお客さまの歯の詰め物でございます」と答えた。こちらが恐れ入りすぎて死にそうであった。高いけどずっと長持ちしますよ！　と言われて奮発したうん万円が一瞬で吹き飛んだ虚しさ、ほんとに妊娠出産、自分で望んだこととはいえ、いったいなんの罰ゲーム？

常に充電が残り十パーセントしかないスマホのような頭と体。体調不良の小波が止まることなく寄せては返し、いっこも平常だと感じることがない。

初期の頃のしんどさなんて鼻で笑ってしまうくらい、この頃の私はとにかく、なぁんもかもができなかった。

スケジュール管理ができない。
予定を立てた通りに進行できない。
請求書一つ出すだけで息切れがする。
買い物も、家事も、これまで当たり前にやっていたことが、みーんな、できない。

これを「ハンディキャップ」と呼ばずしてなんと呼ぼう。「妊娠は病気じゃない」とはいうけれど、この状況を「健常者」と呼ぶにはかなりの無理がある。

そう、私は今や立派な「准弱者」であった。

ハンデを抱えた体は、とても心細い。

たとえば大きな駅の構内を歩いていて、今、大地震が起きたとしたら？　真っ先に逃げ遅れるのは自分である。

走ったり、跳んだりという、これまで当たり前にできていた行為ができなくなるというだけで、急に身の回りの酸素がうすーくなったような、生命体としての自信が失われるような、そんな気分になる。この気持ち、きっと病気になった人の心細さや、歳をとって感じる不安ときっと相似形なのではあるまいか。

「虚弱体質」や「発達障害」の人もこういう感じを受けて日々を過ごすのでは、と思います。(夫)

人の心はそんなに強くない

この頃、健診で「前置胎盤」を指摘されたことも、気弱になる要因の一つだった。

前置胎盤というのは、子宮内で胎盤のできる位置が低く、子宮の入り口にかかってしまうことを指す。そうなると出産時に胎盤が破れて大量出血し、母子ともに命の危険にさらされるリスクがある。妊娠中期に指摘された前置胎盤はその後かなりの高確率で治るので、あまり心配しすぎなくても良いのだが、私はとてもビビった。

「前置胎盤　治す」で検索すると、大量の情報が出てきた。医学的なものだけでなく「前置胎盤治します！」という触れ込みで一回三万円の治療費を取る治療院や、スピリチュアル的な石、怪しげな健康ドリンクを売るサイトもあった。前置胎盤は今のところ西洋医学での確立した治療方法がなく、必然的に東洋医学や代替療法に頼ることになるのだが、それらのどれがまともで、どれがまともじゃないのか、完全に判別をつけるのは難しそうだった。

試しに一つのリンクをクリックすると、「西洋医療で治らなくても、当院の◯◯を受ければ治ります！」と、目がチカチカするような派手な色づかいで書かれた謳い文句がスマホの画面に踊った。正直、うさんくさい。うさんくさいけど、もし万が一、本当に治るとしたら……？　また、これを受けなかった結果、母子ともに危険な状態に陥ったら……？　そんな考えがちらっと頭をかすめた途端、私の瞳孔はその文字に吸い付いて離れなくなった。時間を忘れてサイトを次から次へと読み漁り、夜どおし画面をスクロールし続けた。

結果として数週間で治ったから良かったものの、その間、私は気が気じゃなかった。もし治っていなければ、悩んだ挙句に高額な治療に手を出していたかもしれなかった。

よく、大病を患った人やその親族が怪しげな治療法や宗教にハマってしまうという話を聞くが、その気持ちもわかるような気がした。溺れかけている時に救命

その頃、私たちは「前置胎盤なおれ音頭」という踊りを発明し、毎日踊っていました。㊎夫

胴衣を投げられれば、それに空気が入っていようがいまいが人は手を伸ばすだろうし、それが千円だろうが百万円だろうが、その時の当人には関係がないだろう。弱っている時にスピリチュアル商法や怪しげな宗教にハマってしまう人のことを、私は笑えない。

「ここ、分娩台ちゃうぞ」

話を戻すと、だからこそ、この頃の私は普段より周りが気になった。街の中でキョロキョロしていると、自分と同じように少しだけ心もとなそうに周りを眺めている人に目がいく。妊娠している人、満員電車で小さな赤ちゃんを抱えて乗り込こもうとするお母さん、身体の不自由な人、車椅子の人、杖をついている人。

私は知らなかった。街にはこれだけたくさんの、周りからの助けを必要としている人がいることを。社会というのは決して一枚岩でなく、さまざまな身体的事情を抱えた人が集まり成り立っていることを。

これまですいすいと早足で通り過ぎていたターミナル駅を、エレベーターやエスカレーターを探してノロノロと歩く。早足で通り過ぎる人に時折ぶつかられたり、舌打ちされたりする。なんてことのない段差や迂回路がとんでもない障壁に見えてくる。エレベーターは階段を使えない人たちで長蛇の列だし、昼間のバスの車内は老人たちによる優先席争奪戦だ。

妊娠し体が不自由になって初めて、私は街というものが、圧倒的にマジョリティ、とりわけ「健常者の男性」という強者に合わせて設計されていることに気づいた。

そんでもってまあ、妊娠初期の頃に譲ってもらえなかった優先席は、どう見ても妊婦に見えるほど腹が膨れても、やはりなかなか譲ってもらえないのだった。

「私なんかさ、臨月の時に優先席で妊娠五ヶ月くらいの妊婦さんに席、譲られてさ！『いやいや、あなたがどうぞ』『私、まだそんなお腹大きくないですから、どうぞどうぞ』ってさ、ダチョウ倶楽部かよ！　で、周りの男どもはそれ目の前で見てんのに、寝たふりするか、足開いたままふんぞりかえっててさ。ふざけんなよ、って思ったわ」

そうヨシノちゃんは憤っていたが、こういうことが、まじで、日常茶飯事であった。優先席前で老人や妊婦が押し合いへし合いしている一方、股を極限までパッカーンと開き、ふんぞりかえって座っているのはたいていスーツを着た男性なのである。お前ら、ここ分娩台ちゃうぞ。

さりげない優しさのセーフティーネット

しかし一方で、こんな調子だからこそ、ふとした時に受ける優しさが泣くほど嬉しい。

街の商店街の魚屋で買い物をしていたところ、そこの大将、これがいかにもがんこ一徹といった感じの、ごま塩頭にハチマキの似合う親父なのだが、品物を渡す時にカバンからちらっと覗いたマタニティマークをめざとく見つけると、

「魚はさ、子どもの骨になるからいっぱい食べなよ、身重だと料理も大変だろ？焼くだけでうまいイワシがいいよ」と奥からイワシを持ってきておまけしてくれたのだ。

大将、イワシ、おいしかったです。ありがとうございました。㊇

また、暑い日にはこんなこともあった。汗を流しながら餃子のテイクアウトに並んでいると、隣の居酒屋のお兄さんがさっと椅子を出してくれ「好きなだけ座っていていいからね」とポットで冷たいお茶まで持ってきてくれたのだ。自分のお店には一銭の得にもならないのに。

お兄さん、ありがとうございました。㊇

妊娠して以来、こうした半径百五十メートルの名も知らない人々の好意に触れることが増えた。この、飴玉一つ分くらいのさりげない厚意が、先の見えない不安やできないことが増えてささくれ立つ心を塗り薬のように鎮めてくれた。街に張り巡らされた、匿名の、騒がしくない無数の厚意が、どれだけ人を生かすことか。

助けられると相手の顔をハッと見る。そして、こんなところに他者がいたのかと気づく。地域との関わりというのはこういうふうに生まれるのか。妊娠するまでは足早に通り過ぎるだけだった街が、急に立体的になった。

駅でスーツケースを抱えて右往左往していたところ、見知らぬ男性がさっと持って階段を上がってくれたこともあった。医師、助産師、保健センターの人や、役所の人。妊娠しなければ関わることのなかった人々と、日々顔をつき合わせる。日本の妊娠・出産にまつわる福祉にはまだまだ欠点が多いとは思うが、子ども一人、できてから外に出すまでに、これだけの人が関わり、仕組みが整えられているということが驚きだった。

それぞれの立場の人が、精一杯支えようとしてくれていることがよくわかりました。夫

こうして「准弱者」になってみると、人との関わりに助けれられる自分、行政の支援に助けられる自分、見知らぬ他人に頼らないとやってゆけない自分に否応なしに気づかされる。

初めて命を胎で育むという暗中模索の日々をどうにかこうにか切り抜けてこられたのは、こういう厚意のセーフティーネットが、先ゆく誰かが私の前に築いてくれた支援の手が、身の回りに張り巡らされているからだ。

しかし逆に言えば、もしセーフティーネットから外れてしまった状態、たとえ

ば人に言えない妊娠や、周囲に助けてくれる人がおらず、たった一人で子を産まないといけないという状況では、どれほど心細いだろうか。たとえパートナーがいたとしても、その人以外にまるで寄る辺がないと感じながら産むのと、外に出れば誰かが助けてくれると思いながら産むのとでは、産んだあとに見える世界は、まったく違う景色になるだろう。

今回の経験で、どんな事情であっても「閉鎖的な関係性」を作らないことが出産や子育てには必要だと、私は思いました。㊇

「自立とは依存先を増やすこと」とよく言われるが、依存しなければやっていけない危機的状況において他者に助けを求めることは、自分を生かすという意味では究極の自立なのである。それは国が掲げる「自助、共助、公助」という、のっぺらぼうの体感を伴わない標語の中からは決して芽生えてこない。

弱い人間が弱い人間のままでいていいと世の中全体で言えないのは、弱い自分を想像できないからである。こうなる前の私のように、弱い自分を認められるように、個人が、社会が、国全体が育ってこなかったからである。

以前の私は「健常者—強者」という恵まれた立場で働いていた。同質的な集団に属し、同じほうを——垂直の方向を、Y軸のてっぺんだけをただひたすら目指していた。「できない」こと、「降りる」ことは恥ずかしいと思っていた。働けなくなったら、できなくなったら負けだと思っていた。「できない自分」になるのが怖かった。

それが一気に崩れた。

「できない自分」を受け入れる

「准弱者」である自分を許そう。

子ができたことで、ゆっくり、じわじわと氷解するように、私は「できる自分」から降りることになった。「できない」自分に社会は意外と優しかった。街で助けてくれるのは年配の女性が多かったが、若者が席を譲ってくれたり、時には車内で「妊婦さんがいるので席を譲ってくれませんか」と呼びかけて、席を作ってくれる人もいた。そのたびに「ここにいること」を許された気がした。

自分から他人に図太く助けを求めることにも少しずつ慣れた。電車の中で「す

夫 実際に妻はよく声をかけていました。すると、ほとんどの人が助けてくださいました。誰でも気軽に助けを求められる世の中になって欲しいです。

みませんが、体調が悪くなければ譲っていただけないでしょうか」と声をかけられるようになった。声をかけた相手はたいてい「気づいていませんでした」と言って、快く席を譲ってくれた。勝手に拗ねる前に、こうして声をかければよかった。

仕事のうえでも、少しずつ「できない自分」を認めていった。無理のないスケジュールを組み、不調でコンディションが揺れ動くのを受け入れ、周囲への理解を仰いだ。妊娠したばかりの頃はそれで「干される」ことが怖かった。意外にもクライアントは寛大に待っていてくれた。自分で言い出しておきながら、そのことに驚いた。コロナ禍であらゆることが思ったとおりに「回らない」のが社会的に常態化していたことも幸いしたのかもしれない。

「できない」自分になっても、世界は続くし私は生きている。妊娠によって、急にY軸のみだった世界、一次元的だった世界が、奥行きを持って開けた。世界は同質の存在が順位を競い合っているだけの場所じゃない。XとYとZのはざまで、序列のつかない異質な存在同士が、肩を寄せ合い、散らばりながら立体の世界をつくっている。

私は弱くて狭量で、自分勝手な人間なので、もしこの経験がなかったら、きっと一生、Y軸のみの価値観の中で、上だけを見て生きていただろう。老いて、体が弱ってから、やっと自分が見ていた世界の狭さに気づいただろう。

この経験を経て、私は「老い」が怖くなくなった。自分の「できない」を許すことで、他人に優しくなった。自分も、社会も多面体であり、決して一元的な価値観の中では測れないことを、私は身体的弱者になって初めて知ったのである。

この時期からしばらく後のことであるが、ある真冬の日、駅の改札を出ると雪が降っていた。不意の天候に傘がなく、ぼんやり空を眺めていると、ふと横に立つ人があった。

「あなた、これ使いなさいな」

そう言い、傘をすっと差し出したのは見知らぬ老婦人だった。生地に張りのある、持ち手の太い良い傘だった。

「でも」と言うと、「こういう時にいちばん必要な人が使うのがいいのよ」と言い、婦人は私に傘を握らせ、ショールをさっと頭から羽織って降りしきる雪の中に出て行ってしまった。

私はその傘を握りながら、慎重に雪の中に足を踏み出した。


周りの人々が足早に進んでゆくなか、駅からほんの数分の帰り道を、転ばないよう小さな歩幅で、地面を踏みしめながら歩く。持ち手の重みにあたたかさを感じながら。

以前であれば、できる限り早く家に帰ることを考えただろう。でも今は速く歩くことができない。できないから代わりに、お腹の子と一緒に雪の冷たさや匂いを感じながら、瞬《まばた》きで雪を振り払いながら、降る雪の一粒一粒がわかる速さで歩いた。この瞬間は二度と訪れないのだ、と実感しながら。

ふと、この景色を見られる自分は、なんてしあわせなのだろう、と思った。

体調は最悪だし、体は不自由だが、お腹の子がいるおかげで、私は今、この景色を見ることができた。それまで感じることのなかった豊かな時間が「できない」とともに生活に侵入しはじめた。こんな忘れられない一瞬が、日常の中にふとした時に何度もやってくる。妊娠しなければ、こんなふうにはきっと思わなかった。まっすぐ前だけを向き、自分のゆく手以外に関心を払うこともなかった。

ねぇ赤子、あなたの生まれてくる世界は、厳しいかもしれないけど優しいかもしれないよ。だからもう、どんなふうに生まれてきてもいいよ。私があんたの「できない」を全部引き受けるし、そういう世界をできるだけ見せるよ。だから安心して生まれておいで。

そう思いながら、私は冬の盛りの街を、産む手前のいちばん静かな時の中を、娘と一緒にゆっくりゆっくり、歩いたのだった。

ROUND 8

乳首と格闘する日々

28週

「赤ちゃんのためだから、ねっ」

何をどれだけがんばっても、乳首が巨峰にならない。
そのことが私を混乱させている。

妊娠八ヶ月に入り、いよいよ出産準備、という時期になった。変わらず体調は爆裂に悪く、脳細胞が二個ぐらいしかない中でどうにか準備を進めているのだが、その中で私にはどうしても頭から離れない問題があった。

「乳首、ちっさいねーー！」
妊娠四ヶ月目のことである。分娩予定の産院で、担当の助産師は私の乳首を見るなりそう言い放った。

「できればブドウくらいの大きさにして欲しいんだよね。赤ちゃんがくわえらんないと、母乳が出ないからさ」

そう言うと、彼女はおもむろに私の乳首を摑んでひねり上げた。

「いだだだだ」私は叫んだ。中世の拷問に乳首を引きちぎるというものがあるが、それを想像させるほどの痛みであった。

「このくらいの力で揉んでね。そうしないと伸びないから。毎日やってね」

彼女は悶絶する私を意にも介さず、涼しい顔で乳首を引っ張り続ける。

「妊娠八ヶ月の助産師面接でも、もう一回チェックしますからね。ね、痛いだろうけど、赤ちゃんのためだからね。がんばってね」

そう言うと、彼女はのっしのっしと大股で病院の面談ルームを出て行った。

私は呆然と彼女を見送り、次いで、打ち震えた。他人からおもむろに体の一部を――しかも、乳首という、その中でもかなりセンシティブな部位を――同意もなしに摑まれ、蹂躙《じゅうりん》されたことへの驚き、また彼女の口ぶりから察するに、どうやらそこはいとも簡単に伸びるらしい、という、人生で初めて知る事実に。

「豚は戻ってなかったっす」

私の母方の実家は岡山であり、岡山といえば巨峰の名産地である。毎年お中元で送られてくる、宝石のように濡れ輝く大粒の巨峰を口いっぱいに頬張るのが、子どもの頃からの年にいちどの楽しみであった。

乳首を巨峰サイズに、って、どうやって。

あの、黒光りするピンポン玉のような果実と、己の胸に二つくっついた米粒のような乳首がどうやっても結びつかない。

確かに、どの出産マニュアルにも「生まれた赤ちゃんを母乳で育てたければ、少なくとも妊娠二十二週くらいからは乳首をマッサージして伸ばしておきましょう」と書いてある。

しかし実物の写真が載っているわけでもなく、たいていはほんわかしたイラストで誤魔化されているので、肝心の「伸ばしたあとの乳首」がどんなビジュアルなのか、私にはまったくイメージができなかった。

授乳中の女は皆、巨峰サイズの乳首をぶら下げて生きているのだろうか。

センシティブな部位であるがゆえに友人知人らにも聞けず、考えれば考えるほど混乱した。巨峰って、今より五倍くらいは大きそうだけど。しかも乳輪から巨峰になるのか、乳首の先端だけが巨峰になるのかもわかんないんだけど。そもそもマッサージごときで人体が変形するなら、今頃私の目は浜崎あゆみぐらいの大きさになっていてもおかしくないんだけど、でも全然なってないんだけど。

そんでもって、これがいちばん重要なんだけど、出産までによしんば巨峰にできたところで、どう考えてもそれは元には戻らなそうなんだけど。

「あ、僕、農業高校でしたけど、豚の乳首は元に戻ってなかったっすね」

そう、ゲイの友人からこともなげに告げられ、私はますますぺしゃんこになった。

豚をや、いわんや人間をや。

試しにネットで「おっぱい　マッサージ」と検索してみると、男性向けのポルノが大量に出てきて気分が悪くなった。女が腹も乳首も痛め、命懸けで出産に挑んでいるというのに、男ときたらまったくのんきなものである。女が出産するたび、そのパートナーも一回は乳首を引きちぎられるぐらいじゃなきゃ釣り合わな

現場に私もいました。妻は今まで見たことないほどショックを受けていました。（夫）

い。

話はそれるが、この頃から私は男性向けエロ漫画および、ティーンズラブ、つまり女性向けエロ漫画でまったく抜けなくなった。男性向けエロ漫画は女性の体へのファンタジーが強すぎて、激烈な恥骨痛と胃のムカつきと腹の重さで苦しんでいる自分の肉体の現実的な重みに打ち勝てない。ティーンズラブはだいたいデッサンが狂っており、主人公の女が肋骨を三本くらい切除しないと取れない体位を取っていたり、骨盤が存在しないのではと思うほど小さい腰だったりして、これまたノれない。

世に氾濫する女体への「うふん」なイメージと、現実の女の体が遂げる圧倒的な変化のありよう、そのクレバスのようにどーんと広がるギャップを脳で処理しきれない。

そういうわけで、妊娠中期から後期まで私の愛読書はもっぱらボーイズラブであった。そしてこの現象は今も続いている。ＢＬは裏切らない。

話を戻すと、そんなこんなでいったい何をどうしたら乳首が巨峰になるのか、皆目見当がつかなかった。こんなこと、本当にやらないといけないのだろうか。しかし、「赤ちゃんのため」という妊婦にとっての殺し文句を突きつけられると、それをしない私がなんだか悪い人間のように思えてくる。

実際に子育てがはじまってみると、妊娠中に「赤ちゃんのため」とがんばってやったことが本当にためになったのは体感で三割ぐらいなのだが、先の助産師のように「生まれてくる赤ちゃんのためですからね、がんばって、ねっ」と目をキラキラさせながら言われると、「母度」を試されているような気がして思わずハイッと体育会系のノリで答えてしまい、あとで落ち込むのであった。

マゾ男性のブログに学び母乳について考えた

試しに自分で引っ張ってみても、まったく伸びる気配がない。人間というのは自分に甘くできているので、全力ＭＡＸではとても引っ張れないからである。とりあえず暇な時には触るようにしてみたが、依然として米粒——黒いから黒米である——のままであった。

どれだけ探しても「私はこうして乳首を巨峰にした」という情報が見つからない。しまいにはSM界で有名なマゾ男性である「がっちゃん」のブログに辿り着き、彼が女王様の命令で乳首を七センチまで伸ばしたという、そのノウハウを熟読したりもした。

その結果わかったのは、がっちゃんは七年という歳月をかけてそこに辿り着いたのであり、私のような乳首素人が生ぬるい気合いで真似できるはずもない、という事実だった。

そもそも、こんなに必死になってまで母乳って出さなきゃいけないんだっけ？

何かというと議論になるこの「粉ミルクか、母乳か」問題。私は母乳に関しては「出るならまあ、タダだし使いたい」ぐらいのふんわりした気持ちでいるのだが、妊娠出産に関わる人たちの中にはこの母乳への情熱というか、気合いという

夫 実際には原料が妻の血液なので、その分の食費がかかっているのでは？

のかがもんのすごい人たちが多々おり、「粉ミルクでいいです」と言うことは、時に魔女裁判で無信仰を告白するほどの心理的圧力がかかる行為なのだった。

　助産師の中には粉ミルクをまるで悪魔の飲み物のように忌み嫌う人間もおり、私自身はその悪魔の飲み物だけでスクスク育ち、現在はめったに風邪も引かない健康体なので、その信仰ぶりにしばしば戸惑うのだが、母体のほうにもいわゆる「完母」に並々ならぬこだわりを持つ者もいて、鼻息荒く「完母でした」と胸を張る者もいれば「完母にできなかった」と肩を落とす母親もおり、とにかく、母乳というトピックはセンシティブなわりにお産の周りにいる者すべてが熱に浮かされたように語りたがる一大祭典というか、フェスティバルというか、「どっちでもええわ」派はなんとも肩身が狭いのだが、これもお決まりの「赤ちゃんのため」という殺し文句を使われれば以下略、なのだった。

　妊娠出産、とかくn＝1の自分の体験を百倍に拡大解釈して普遍的な真実のように語る人が多いので、あまり他人の言うことは真に受けすぎないほうが良いのだが、そうは言っても初めての体験だし、自分と子にとっての正解がわからないだけに混乱してしまうんだよね。

ローストビーフでいいんです

乳首が巨峰にならない私は、母親失格だろうか。

八ヶ月の健診が近づくにつれ、私は焦った。焦りながら、あるできごとを思い出していた。


十五歳の頃、私は悩みに悩んでいた。

自分のまんこが、人より黒いのではないか、と。


誰かに見られる予定もなく、また他人と実際に比べたこともないのに、完全に無駄な悩みだ。しかし、どうでもいいことを悩み続けていられるだけの体力と時間の余裕があるのが思春期である。頭にあるのは寝ても覚めてもそのことばかり。

今のようにネットで検索して他人のまんこを見られるわけでもなく、「すべての体は美しい」というボディ・ポジティブの思想も浸透していなかった。情報は乏しいはずなのに、「女の乳首やまんこはピンクのほうが良い」とか「毛深くて黒いまんこは男に嫌われる」とか、ただひたすら「女の体はこうであるべき」という情報だけは氾濫していた。悩みすぎて、雑誌の巻末に載っている「乳首やまんこをピンクにするローション」の広告に思わず電話しそうになるほどだった。

そんな私の救世主が「エルティーンスペシャル」であった。

「エルティーンスペシャル」はちょっとエッチなティーンのための情報誌である。読者である女子高生、女子中学生からの投稿というていで、毎号赤裸々な性の体験談がつづられ、人気を博していた。

中には「体育の先生とリレーの練習中にエッチなバトンの受け渡し大会」などという、今であれば炎上必至の記事もいくつか（というか、そんなのばっか）あったが、まだインターネットにアクセスしづらい時代、性への興味をたぎらせた中学生にとってはそれが大人の性の世界へと通じる唯一の蜘蛛の糸であり、毎号、親の目を盗んで購入しては隅々まで熟読するのが私の密かな楽しみであった。

一方で少年マンガ誌には、「持っているとお金持ちになって女性にモテる指輪」の広告が掲載されていました。指輪を手に入れた男性が金ピカのアイテムと多くの女性に囲まれている写真が載っていたのが印象的でした。㊇

とりわけ私が熱狂していたのが、編集部によるお悩み相談コーナーである。毎号、男性編集者が読者から寄せられたお悩みに、テキトーに答えてゆく。たとえば「処女喪失の痛みが怖いです」というお悩みに対しては、こんな感じ。

「物理学の用語で慣性の法則といって、動き続けているものに逆方向から力が加わると摩擦が生じます。摩擦をゼロにするためにも脚を極限まで開きましょう」

……意味がわからないが、ピュア、かつ性への関心によって思考力がナマコレベルに退化した女子中学生にとって、編集者という知的職業に就いた大人の男性が専門用語を駆使して語る回答には妙な説得力があり、私はこの男性編集者の言うことを妄信していた。

その中で、ある時こんな悩みが掲載されていた。

「私のまんこは黒いし、形が変な気がします」

それに対し、彼の回答は、

「まんこというのは、皆それぞれ見た目が違います。僕が知る限り、だいたい消費期限切れ三日目前後のマグロの刺身、もしくはローストビーフみたいな色です。ピンク色の女性器はメディアが作り出した幻想です。まんこは腐った刺身の色で良い」

というものだった。

腐った刺身で、いいんだ……!!

その回答がどれだけ私を救ってくれたことか。

私はますます雑誌の信奉者となり、休刊になるまで買い続けた。今思えばこの言葉が、私が人生で初めて触れたボディ・ポジティブの思想であった。

あのお兄さん、今、私の目の前に現れて、こう言ってくれないだろうか。

「乳首は巨峰でなくて良い」と。いやむしろ「米粒でも、巨峰でも、どっちでもいい！」と。

ブドウの顚末

時は過ぎ、ついに、Xデーがきた。八ヶ月の助産師面接である。

あの時と同じように仁王立ちで「はい、乳首出してね」と言う助産師に対し、私は震える声で謝った。

「すみません、どうがんばっても巨峰になりませんでした」

彼女は一瞬キョトンとし、次にあっはっは、と笑いはじめた。

「ブドウって、デラウェアだよ！　デラウェア！」

呆然とする私に、彼女はこう続けた。

「巨峰ぐらいあったら、赤ちゃんが吸えなくて困るじゃない！　ま、でも、時々巨峰サイズのお母さん、いるけどね。そういう場合は逆に、赤ちゃんの口に押し込むのに、苦労すんのよね」

彼女は私のシャツを捲り上げ、乳首をしげしげと眺めると「うーん、まあ、でもあなたのはちょっと足りないね。引き続き、出産までこれくらいの力でマッサージしてね」と言い、渾身の力で乳首をつねりあげ、私は絶叫したのだった。

「赤ちゃんのためだから、ねっ！」

初心者妊婦には産む場所さえ考える暇がない

そんなこんなであらゆる角度から飛んでくる「赤ちゃんのため」を死に体でなんとかレシーブしつつ迎えた九ヶ月だが（そう、信じられないだろうけど、ここまでが前置きなんである）、私にはもう一つだけ気がかりなことがあった。

「みゆきさん、来週京都に来るんでしょ？　きっと気に入る場所があるから、訪ねてみて欲しい」

そう知人から声をかけられたのは、妊娠三十三週に入りかけの頃である。

この頃の私はでかい腹を抱えながら、臨月に向けて残る仕事を片付けるべくあちこち出張し続けていた。

仕事の隙間に知人と連れだって訪れた「M助産院」は、京都市の真ん中、鴨川のすぐそばにあった。京都らしい細い路地の一角にあり、見落としそうなほど控えめな看板が掲げられていなければごく普通の民家のような佇まいだった。玄関の前の庭には上品な枝ぶりの椿が植えられ、湿った土の匂いが立ち上っていた。

初めて足を踏み入れた時、私はこう思った。

「ここで産めたら最高だろうな」

けど、すぐに打ち消した。

「でも、東京で人気の産院を予約してるんだから、あり得ないけど」

私はその時、東京の個人の産院で、通常分娩、つまり無痛ではない一般的な分娩方法で予約を取っていた。

妊娠してから驚いたことの一つに、都会では出産場所と出産方法について、妊娠が判明したらすぐさま決めなければならない、ということがある。

人気の産院の分娩枠は争奪戦であり、早いうち、それこそ妊娠が判明したばかりぐらいに申し込まなければすぐにいっぱいになってしまう。とりわけ私が出産した二〇二二年の三月はコロナ禍の真っ只中で、あらゆる病院で分娩の立ち会いや面会が制限されていた。わずかでも面会や立ち会いを許可している個人病院には人気が集中し、なおさら予約が取りづらいのだった。

無痛分娩に関しても、麻酔医が常駐している必要があるとか、あるいは日本における無痛分娩に対する理解の遅れとか、色々な理由から人気のわりにはやっている病院そのものがまだまだ限られていた。

無痛で産んだある友人は妊娠が判明してすぐ希望の産院に予約の電話をかけたところ、「うちは、こちらが決めた検査日に来てくださる人しか予約が取れないシステムなんです」と言われ、検査日が電話をした次の日だったので、泣く泣くあらゆる仕事の予定をぶっちぎって駆けつけたらしい。

現在、子育てでも「予約」の壁を感じることがよくあります。急に具合が悪くなっても当日では受診できないことがあるし、大きな病院の救急対応も「初診は受け付けていない」ことがあります。(夫)

まだ生まれるかどうかさえわからず、どんな妊娠生活になるかも知らないうちから（つわりに悶絶しつつ）駆け足で周囲の産院の状況を調べ上げ、産む場所と産む方法を決めねばならない。ネットの情報ぐらいしか手がかりがなく、どんな先生か、どんな助産師がいるのかもわからず、分娩室すら見ていないうちから判断しなければならない。

病院もそれがわかっているので、ウェブサイトには必然的に「豪華なお祝い膳」とか「ホテルみたいな部屋」とか「産後のご褒美エステ付き」とか、そういうどこも似たり寄ったりのアピール文が並び、自分にとってどこで産むのがいちばん良いのか、なかなか決め手がないのだった。

この状況、産院そのものが減っていることだとか、その他諸々の社会的なあれやこれやの足りなさからそうなってしまっているのであろうが、それと妊婦自身の体と気持ちの変化のスピードがばくっと食い違い、置いてきぼりになってるようなこの感じ、つくづく生身の女の体のありようというものが社会のあり方や制度から締め出されているのだなあというやりきれなさに歯軋りしつつ、私はもんのすごく急いで、近所でいちばん評判の良い個人の産院に申し込みをしたのだった（それだって、妊娠七週で申し込んだのに、十枠中九番目だった）。

京都、M助産院で

M助産院は、これまで見てきた東京の病院とは似ても似つかない場所だった。

一階にはお産ができる小さな畳の部屋と診察室があり、二階ではがやがやと、これから健診を受ける妊婦さんや、ここで生まれた赤ちゃんを連れてふらりと遊びにきたお母さんたち、助産師さんたちが入り交り談笑している。

お産の部屋はこぢんまりとして、けどすっきりと清潔で、窓から差し込む自然光の中、外の小路を走るタクシーのぼこぼこいうタイヤの音や、鳥の声や、帰宅途中の近所の小学生の声が微かに響いてきた。

なんていうか、「人」がいる場所に来たな、という感触があった。

殺菌されていない、体温のある、人の肌触りのある場所にコロナ禍はじまって以来、あらゆる人や場所から隔離されている中で、久しぶりに来たな、と。

人との距離も、感染対策にはじゅうぶんに気をつけつつ、でも東京ほどはピリッとせず、知らない人といきなり会話がはじまってもおかしくない雰囲気だった。決してピカピカでもないし、セレブ病院のように整備が整っているわけでもない。けれど、私にとっては現時点では理想的なお産の環境のように思えた。

夫の立場でも、助産院にうかがったり、助産師の先生とお会いしたりするだけで安心できました。(夫)

この助産院を経営するM先生は、タカラヅカの女優さんのようにくっきりとした目鼻立ちの、背筋のしゃっきりと伸びた女性で、最初に見た時はお産に関わる人のようにはまったく見えなかった。しかし、一つの仕事をひたすら同じ場所で淡々ときわめてきた人に特有の「地に根っこを張った」ような重心の低さと、体全部を使って人と関わってきた人に特有の堂々とした胸の開きがあり、信頼できる人だ、と私は感じた。

この人に受け止めてもらえるなら、赤子はきっと安心して世の中に出てこられるだろうな。妊婦さんもきっと、何も心配せずに全身全霊でお産に挑めるのだろう。

先生は「うちで産むなら、夫さんの立ち会いももちろんＯＫだし、産んだあと、何時間でもいていいですよ」と言った。
「家族の泊まり込みも自由だし、退院までいくらいてもらっても構いません。ここをお家と思っていいんですよ」

その時、私の心に浮かんだのは、

〝ああ、私は人の輪の中で産みたいんだ〟

ということだった。

ふかふかの畳の上で産みたい。日常から切り離された場所ではなく、家のように安心できる場所で、人に囲まれて産めたらどんなにいいだろう。

私が通っていた東京の病院は地域でも評判の良い個人のクリニックで、先生も看護師さんもきびきびと気持ちよく、それはそれで良い病院ではあったのだけど、それゆえ余計なことや、要領を得ないことは聞いてはいけない雰囲気があった。また、院長の男の先生はたいそう寡黙で、必要最低限のこと以外はまったくしゃべらず、健診では毎回二時間待って診察は五分だけという感じで、私は病院にいる間じゅう、そわそわとしてお尻が据わらなかった。「知らない人」にお産を介助してもらう、という感覚が拭えなかった。そのうえ、立ち会いは分娩の二時間前後のみ、面会は入院中一回きり三十分という制限があった。

もちろん、それでじゅうぶんのはずだ。医療としては。お産は命懸けの行為だし、私は高齢出産だし、多少の不便を我慢してもおとなしく安パイの道を取ったほうがいい。

けど。私はもう一つ不安があった。産後、狭いマンションの一室で、手伝ってくれる人が誰もいない中、仕事を休めない夫と二人だけで育児をはじめなければならなかった。

　生まれたばかりの赤ちゃんと夫がほとんど過ごせないこと、夫とスタート地点から赤ちゃんの世話に関して開きが出てしまうことは、これから先、夫と二人きりで育児をしてゆくうえで、大きなディスアドバンテージのように思えた。それはともすると、私と夫の関係性にまで危機をもたらしそうに思えてならなかった。

「初産でもいいんですか？」と私は聞いた。

「はい、大丈夫です」と先生は言った。

　手伝ってくれる肉親が誰もいないことを心配して、産後、手伝いに行くよ！と言ってくれた友人が何人かいたが、彼女たちを呼ぶにしても、東京の狭いマンションより、こういうところのほうが、ずっと気楽そうだった。

「私、ここで産みたいんですけど」

私はM先生に言った。

「どうしたらいいですか?」

M先生は手帳を見て、出産予定日の二月の終わりはスケジュールに空きがあるから産めますよと言い、どうしたらここで産めるか一緒に考えましょうと言ってくれた。まったく動じない、おおらかな口調だった。

離れ小島で産みたくない。

コロナという社会全体の雰囲気に飲まれ、なんとなく離れ小島のようなところで一人生活しているような感じが、この九ヶ月間ずっとあった。絶えず仕事に追われ、仕事相手には、「まだ私、ばりばり働けます」という雰囲気を醸し出さなければならず、妊婦の自分は置き去りだった。

この点、私がもう少し何かできなかったかと反省しています。㊛

一人で産まなければいけないことも、「コロナ禍だから仕方がない」とあきらめていた。けど、本当は嫌だ。夫に生まれてくる瞬間を見て欲しいし、その後もそばにいて赤ちゃんを受け止めて欲しい。生まれてくる子を、あたたかい人の輪の中で受け止めたい。我が子には、自分が人の輪の中に生まれてきたのだ、ということを少しでいいから感じて欲しい。

私にとっての「赤ちゃんのため」は、私が独りにならないことだ。

M助産院のふかふかの畳の部屋を見た途端、九ヶ月もの間、いや、コロナ禍以来ずっと堰《せ》き止めていた気持ちが決壊したように、どんっと私の背中を押した。

M先生は、京都では有名な開業助産師だった。M先生じゃなきゃ産みたくない！　という経産婦さんがウェイティングリストを作っているほど人気で、息つく間もないほど京都中を駆けずり回ってお産をしている。

彼女の問診は一時間以上かけてじっくりじっくり行われ、その時に出産に関して不安に思っていることも、妊娠に関係のない話も、うん、うん、と否定も肯定もせずに聞いてくれた。

どんなお産を迎えたいかという希望の聞き取りについても、社会的制約の中でも最大限に妊婦個人の意志を尊重してくれ、これまで「ママ」とか「妊婦さん」とか呼ばれていた私の中に埋もれていた、私という人格を見てもらえた気がした。

この人の元で、夫や知人たちに囲まれて産前産後の貴重な時間を過ごせるのなら、くそみたいに大変な臨月期の大移動も耐えられるんじゃないか、と思えた。


M先生は妻のことを「みゆきさん」と呼んでいました。「ママ」ではなく名前を呼べばいいというものでもないとは思いますが、「一事が万事」とはこのことかと思いました。夫

夫は死ぬほど立ち会いをしたがっていたので、両手《もろて》を上げて賛成した。こうなったらもうしょうがないと腹を括り、ものすごくがんばって仕事を整理し、産前産後の二ヶ月間をできるだけ京都で過ごせるようにしてくれた。

ブルドーザーのような勢いで私たちは仕事と確定申告を片付け、M助産院の近くにＡｉｒｂｎｂで一軒家を借り、産前の最後の時間を過ごすこととなった。かくして、出産予定日の一ヶ月と一週間前、三十五週で私と夫は京都に旅立った。

たった一人、妊娠の初期から通ってきたマタニティ鍼灸院のA先生だけが反対した。

「私は行かないほうがいいと思うよ。お産直前の移動って、妊婦の体にとても負担がかかるし」

これまで何千人もの妊婦を見てきたA先生は、うきうきと話す私の背中に鍼を打ちながら、静かな、けどドスのきいた声で言った。

「最後まで何があるかわからないのが出産だからね」

けどその時の私は、これからはじまる京都での日々に対する希望に満ち溢れていて、A先生の言うことなどまるで耳に入っていなかった。

ROUND 9

わっしょい！ 陣痛！

36週

情熱の助産師Sちゃん

京都での最後の日々がはじまった。

今回の出産に関して、M先生の他にもう一人キーパーソンがいた。助産師のSちゃんである。

Sちゃんは、大病院の産婦人科に勤務しながら開業助産師を目指してM先生の元で修業している二十代後半の女の子だ。地縁のない京都に二人でやってきた私たち夫婦を心配し、なんと私たちの借りた一軒家に住み込み、産前産後を手伝ってくれることになった。

「お産、面白いよ。めちゃくちゃ。毎回めっちゃ楽しいよ。こんな楽しい仕事ないと思う」と、Sちゃんはキラキラした目で語った。

「でもなんかな、今の病院やとすごいモヤモヤするわけ。たとえばうちなんかでかいから、毎日七人とか産むわけ。そうすると一人一人の妊婦さんなんか、じっくり見られへん。はい次、はい次って、タスク処理みたいになってしまうねん。たとえば死産になってしまった妊婦さんがいたとしたらな、ほんまはその人に寄り添ってあげたいと思うんやけど、シフト勤務で時間内に仕事みちみちに詰まってたらさ、ほんのちょっとしか、お話しできへんのんよ。それってほんまに私がしたいお産なんかな？　って。そう思ってた時にM先生に出会って、私、この人の下で働いて、自分も開業助産師になりたいと思ったんよ」

Sちゃんは、熱かった。お産に対して、妊婦に寄り添うことに対して、並々ならぬ情熱を持っていた。彼女とは、毎日毎日、日本のお産の現状について、火傷しそうなほど熱く語り合った。

助産師としてのプロ意識を持ち、自分の決めたことをやりきる意志力を持つ、明るい素敵な女性でした。㊇

「そらな、日本の周産期医療は世界一やしな、出産時の母子死亡率がすごく低く保ててるわけやから、いいこともいっぱいあるよ。母子ともども安全ってことがいちばん大事なわけやしな。でもそれがさ、病院の都合で決まったりすんのはおかしいと思うねん。たとえばな、本当は自力で産めそうやのに、スタッフが帰るから十七時までに産ませようって陣痛促進剤使ったり、帝王切開したりするねん。それで『自力で産めなかった』って悩む妊婦さんもいるわけ。十七時までにってな、今日デートやから仕事十七時までに終わらそ、みたいな話とちゃうねんで。出産って結局は妊婦さんと赤ちゃんのもんでしょ。けどな今のお産はな、病院のごちゃごちゃした事情で全部決まってるわけよ。そりゃスタッフの多いうちに産ませたほうが安全やからってのもあんねんけど、やっぱりそれってな、妊婦さんの都合やないよね」

Sちゃんはサーファーで、日焼けした肌にノースフェイスのパーカーの似合うギャルだ。沖縄の離島に恋人がおり、将来はそこで助産院を開くのが夢だった。

「でも開業助産師て、現代のお産界では立場弱いねん。提携してくれる病院が見つからへんとお産もできへんしさ。お金にもならへんしさ。でもやっぱ産んだばっかりの子を死なせちゃったとかいろんな悲しいニュースを見たりすると、少しでも妊婦さんに寄り添える場が、病院と家庭以外にもな、社会の中にあったほうがいいなって思うねんな」

妊娠期間中に出会った助産師は、皆一様にキャラが濃かった。命の現場にずっと浸かっていて、赤ちゃんのこれから生まれてくるぞ、というエネルギーと、それを生み出す妊婦のエネルギーを体一つで受け止め続けているうち、〝個〟でしかいられなくなるのかもしれないな、と思った。その中でも、とびきり特濃のM先生とSちゃんのタッグに我が子を受け止めてもらえる。そう思うだけでものすごく心強かった。

銭湯にゆき、二人で湯船に浸かる。

「あ、初乳出てるよ」と言いながら、Sちゃんが乳首をいじる。

「いいやん、いい感じ。こうやってマッサージしたら、もっとおっぱい出てくるわ」

女二人が湯船で向き合い、片方が片方に乳首をいじられている。傍から見ればびっくりする光景かもしれないが、蒸しパンにコンデンスミルクをぶっかけたような臨月の妊婦の脳では、社会性とか常識だとか、そういったことは何一つ考えられなくなっていて、気持ちは一直線にお産だけに向き、それ以外のことはどうでもいいのだった。

近隣に住む友人や知人も、時折遊びに来てくれた。乾燥がひどい時には加湿器を届けてくれたり、美味しい手料理をタッパーに入れて届けてくれたりした。

病院の中だけでも、また、夫と私という閉鎖的な関係性の中だけでもなく、もっとふわっと範囲を広げた社会の中に、こうして「私のお産」を受け止めてくれる人がいる。私のお産が誰かの生活の中にある。そのことがありがたかった。

夫特製「〇ちゃん電話」

妊娠生活の中で、もっとものどかな日々だった。むくみで目は開かず、恥骨は寝返りを打つたび割れそうなほど痛いし、体感的にはゾンビかそれ以下みたいな感じではあったけど、M先生の「とにかく体を動かしましょう」という指導のもと、出産近し歩けよ妊婦、とばかりに重い腹を抱えて京都市内じゅうを練り歩いた。練り歩きながら、これが最後とばかりに京都中の美味しいものを食べまくった。

出町ふたばの大福、ラ・ヴァチュールのタルト・タタン、梅園の志るこ、六盛のスフレ。LURRAでコース料理を一人で平らげ、吉田山荘で抹茶を啜り、浄土寺の青おにぎりの列に並び、進々堂のパンを丸呑みし、老松の和菓子を平らげ、喫茶マドラグのたまごサンドにかぶりつき、締めはもちろん天下一品総本店の限定メニュー「牛すじラーメン　豚重定食」である。

M先生は内心「そんなに食うな」と思っていたに違いないが、そこは京都の人なので「あのな、せっかくやからな、京都に来てからな、健康になりました、元気になりました、って言えるような、食生活になったらええと思うの」とオブラートに包んでおっしゃった。しかし私は東京生まれ東京育ち、京都人の婉曲表現などそよ風にしか感じない。「食べるな」とはっきり言われないのを良いことに、食べて食べて食べまくった。

私が食べれば食べるほど、腹の中の赤子はぐねぐねと活発に動き回った。夫はサランラップの芯に「〇ちゃん電話」とサインペンで書いたものを東京から携帯していた。それで逐一、「〇ちゃん、お父さんですよ」と話しかける。新幹線の中でも、バスの中でも話しかけ続け、やりすぎじゃないかと少し思ったが、周りの人々の目線はこの親バカ男に対して温かく、それで私も少し安堵した。

娘は「〇ちゃーん」と呼ばれるたびに、律儀にポンポンと腹を蹴る。お腹の中の赤ちゃんがどの程度外の世界のことを理解しているのか、学術的にもスピリチュアル的にもさまざまなことが言われ、どこまでが本当かはわからない。けれどもともかく、姿かたちは見えないのに、もう確実に意思の疎通のできる生き物がお腹の中にいて、私たちのことを知っているという不思議、外の世界に耳をすませている不思議、こんなにやりとりができているのにまだいちども会ったことがないという不思議。とにかくあらゆる不思議がこの時期の私と娘を取り巻いていて、その不思議さを思うだけでたまらなくしあわせな気分が私の頭のてっぺんか

この時期の必需品でした。(夫)

やりとりできている感じはありました。思い込みかもしれませんが、感じはありました(二回言います)。(夫)

ら爪先までを満たすのだった。これがもうすぐ終わると思うと残念でもあり、待ち遠しくもあった。

この世にはとかく大変なこともたくさんあるけれど、全部が全部うまくいくとは限らないけれど、あなたとこうして過ごしていると、何かぴかぴかと光る素晴らしいものが、どこかには確実にあるんだと、そう信じられる気がするよ。私たちみんな、あなたのことを気にかけているよ。良い親かはわからないけれど、ひとまずはあなたのことをこんなに愛しているよ。

そういう気持ちで、もうすぐぺしゃんこになるであろう丸いお腹をひたすらに撫でた。Ｋちゃんはそれに対し、かわいいというよりは激しいという形容詞がぴったりな勢いで腹を蹴り返し、私はそのたびに尿をじょわっと漏らした。

前駆陣痛が来た！　けど？

三十七週一日。夜中に前駆《ぜんく》陣痛来る。メリメリと腹を内側から割られるような痛みが走り、隣で寝ていた夫を叩き起こす。

朝になってM先生を呼ぶ。M先生は内診をして、「子宮口三センチ開いてますね、もしかしたらもうすぐ生まれるかも」と言った。

「たぶん四十週までかかることは、まずないわ」

私は焦った。三十七週といえば〝正期産《せいきさん》〟(つまり早産ではない)に入り、胎児の心肺機能が完成し、なんとかお腹の外でも一人でやっていけるが、まだちょっとだけ頼りない、くらいの時期である。

「そうやなあ、三十七週で生まれてきた赤ちゃんは、三十九週とか四十週で生まれてくる赤ちゃんに比べたら、すこぅしはかなげな感じになることが多いなあ」とM先生は言った。

助産院で産んでも、母子に万が一のことがあった場合にはすぐに提携先の病院に緊急搬送される仕組みになっているのだが、できるだけお産でトラブルが起きるリスクは下げたかった。

「できれば三十八週以降に、もう私、外の世界でじゅうぶんやってけます！　って顔して出てきてくれたらみゆきさんにとってはいちばん安心やなあ」

しかも三十七週の終わりには、夫は仕事の都合で、どうしてもいちど東京に戻らなければならなかった。出産に立ち会えるようになんとか仕事を整理し、夫婦そろって京都に乗り込んだのに、産まれてくる時に夫がここにいなければ骨の折り損ではないか。

私は祈った。祈って祈って祈りまくった。どうにか三十八週以降、できるだけたくましい感じで生まれてきてください、と。かつ、腹の中の我が子に話しかけまくった。妊婦アプリに「赤ちゃんに『この日に生まれてきてね』とお願いしたら、その日に生まれてきた！」という体験談が載っていたからである。

夫も「○ちゃん電話」で話しかけまくった。

「○ちゃん、お父さんは今週末にいったん東京に戻ります。おみやげいっぱい買ってくるから、どうかそれまで待っててください」

それが良くなかったのかもしれない。

三十七週のそれ以降、どれだけ運動しようが祈ろうが、子宮口は三センチからピクリとも動かず、赤ちゃんがお腹から出てくる気配はいっさいなくなった。

「なんでやろなあ」

目の前のコタツでミカンを食べながら、Sちゃんがまったりと言う。

「もういつ産まれてきてもおかしくない感じやのになあ」

すでに三十九週三日目だった。三十七週以来、何一つとして変化はなかった。

私は再び焦りはじめた。三十七週の時とは異なる焦りだ。なぜかというと、M助産院でお産をするためには母子の安全を確立するための細かいルールがあり、M助産院の場合は四十一週を一日でも超えると母子のリスクが上がるため、問答無用でM助産院と提携しているK病院でのお産に切り替わるのである。K病院の方針では、四十一週を超えた妊婦は直ちに入院し、赤ちゃんに問題があろうとなかろうと陣痛促進剤を打って産むことになっていた。

K病院についてM先生は、「Kさんも、まあ……ええ病院やよ」と言っていたが、目が泳いでいた。K病院のGoogleの口コミレビューを見ると星二・四で、悪口しか書かれていなかった。

「私が前に手伝ってた助産院はな、四十一週後半までOKやったよ」とSちゃん。「そこの助産院はさ、提携してる病院がひどいとこやってん、そこで産んだお母さんたちみんな『二度とこんなとこかかりたくない』って言わはるぐらい妊婦さんに優しくないとこやったの、だからその助産院の先生は絶対にそんな病院に妊婦さん送りたくないって、四十二週ギリ前まではOKやった」

「そうまでして、病院と提携しないといけないの？」

「そらそうや。お母さんと赤ちゃんの命の安全がいちばんやもん。助産師は医者じゃないからな、病院が提携してないと、いざという時対応できへんねん。だからどんなひどい病院でも、提携先の言うことは絶対聞かなあかんねん。提携やめられたら、お産できなくなるもん」

この時代に助産院を続けるのは、なかなかハードルが高いことのようだった。

「M先生は母体と赤ちゃんのことをいちばんに考えはる先生やからな、そこはリスク上げんためにも、四十一週超したら絶対に病院ってことにしてるんやと思う」


救急医療の局面では病院にお願いすることがあるからこその力関係と思いますが、社会の変化の中で今後、助産院的な力が不可欠になるのではと思います。「仕方ない」ではなく「新たな枠組み」が必要ではないでしょうか。夫このままでは縁もゆかりもない、いちどもかかったことのない星二・四の病院で、立ち会いも面会もなしでたった一人で産むことになってしまう。私は死ぬほど焦った。もちろん京都に来ることを決める前に「四十一週を過ぎれば病院で産むことになります」と説明を受けてはいたが、私はその可能性を頭から排除していた。「私は大丈夫」という妙な（根拠のまったくない）自信に満ち溢れていたし、私はもともと尻がでかく、どこに行っても「安産体型だね」と言われてきたので。

夫、会陰マッサージ王になる

なかなか本陣痛は来なかった。

深夜に猛烈に腹が痛くなり、M先生が駆けつけてくれた時には「これでようやく！」と希望を持ったが、NST（子宮の収縮ぐあいと胎児の心拍を測る機械）を見た先生は、「うーん、前駆陣痛に毛が生えたみたいなもんやね」と言い、私は絶望した。

　すでにこの時点で、腹をスイカに見立てて棍棒でやたらめったらに殴られるような痛み、あるいは自身がマヨネーズのチューブになって握り潰されるような痛みに悶絶しているのに、本陣痛なんて来たらいったいどうなってしまうのか。死ぬんじゃないか。というかなぜ、人体はこんな仕組みになっているのだろう。なぜ骨盤は一八〇度開閉式になっておらず、会陰にはジッパーがついておらず、何十時間も苦しんだあげく交通事故に遭ったレベルのダメージを負わなければ赤ちゃんは出てこないのだろう。私は進化の理不尽を呪った。人類のお産が苦しくなったのは二足歩行のせいと聞くが（四つ足の生き物は歩いていても赤ちゃんが子宮からこぼれ落ちる心配がないため産道が開きやすく、人間ほどは苦しくないらしい）、人類が二足歩行をはじめてから七百万年、いい加減、人体のほうがその進化に追いついてもおかしくないではないか。

　話はそれるが、痛みといえば私が陣痛と並んで恐れていたことの一つに「会陰裂傷」があった。会陰裂傷というのは、赤ちゃんの頭が膣を通り抜ける際に会陰がビリビリに破けて損傷してしまうことだ。ひどい時には直腸まで達してしまい、そうなると緊急手術は避けられない。そのため病院では分娩直前にハサミで切るのが通例だが、あらかじめ会陰を柔らかくしてよく伸びるようにしておけば切らずに済む場合もあるらしく、そのためクリニックや助産院では「臨月が近くなったら会陰マッサージをして柔軟性を高めるように」と指導されるのだった。

試しにマッサージしようとするも、腹が邪魔して手が届かない。

仕方がないので夫に頼むと、夫は自分にできることが見つかったのが嬉しかったのかとても張り切った。「会陰マッサージ王に、俺はなる！」と鼻息を荒げ、ネットで会陰マッサージについて調べ上げ、毎日一時間ぐらいマッサージしてぃた。M先生に助産院の骨盤模型を見せながら「このあたりに筋肉があるから、ここをマッサージすると効くと思うんですが」と自論を力説していた。私は少し恥ずかしかったが、助産院的な世界観では膣は「まんこ」ではなく「産道」であり、「入れるところ」ではなく「出すところ」なので、まったく恥じらうことではないのだった。M先生はそんな夫にも引かず「ええ旦那さんやなあ」とニコニコしていた。おかげで私の膣は内診してくれたSちゃんに、「みゆきさんの膣、経産婦さんみたいにふわふわやなあ」と言われるぐらいに伸びていた。

ある時、夫が会陰マッサージをしながら、「あっ、これは◯ちゃんの頭じゃないか！」と言った。

「なんか、この前まではなかった硬くて丸いものが奥のほうにある！」

夫は、「触った！　触った！　◯ちゃんの頭に触ったぞ！」と言いながらM先生に連絡をした。M先生は忙しい中、迷惑だったろうに「うん、たぶんそれは◯ちゃんの頭ですね」と優しく答えてくれた。夫はとても興奮し、「◯ちゃん、◯ちゃん、◯ちゃーん」と言いながら私の膣に手を入れて、◯ちゃんの頭を撫で回していた。◯ちゃんはびっくりしたのか、お腹をどんどんと蹴った。

私は嫉妬した。M先生も、Sちゃんも、夫も、みな◯ちゃんに触ったことがあるのに、私だけがまだ触れたことがないのである。

そんな日々を過ごしながら、ついに四十週に入ってしまった。あと六日。私は死に物狂いで陣痛を起こすためのあらゆる手段に取り組んだ。

夫と毎日、京都御所をランニングし、鴨川のほとりで四股を踏み、伏見稲荷神社の千本鳥居をいちばん奥まで駆け登った。家の中では階段を踏み抜くかと思うほど力強く昇降した（踵の中心でドン！　と音がするほど力強く踏むのがコツらしい）。

卵膜剝離といい、赤ちゃんを包んでいる膜と子宮の壁を引き剝がし、陣痛を起こしやすくする技があるのだが、M先生に頼んでそれを二回やった。めちゃくちゃ痛かった。どれくらいかと言うと、子宮の入り口に爪が十本生えていて、それを全部引き剝がすのを想像してもらえばだいたいわかると思う。

陣痛促進の鍼灸に毎日通い（一日七千円もかかった）、先生に、「うーん、おかしいね、これだけ生まれる予兆があるのに、なんでだろう」と言われながら「ここに刺したら生まれちゃうから普段は絶対に刺しちゃだめ」と言われる秘伝のツボに鍼を刺してもらっても（こちらも、めちゃくちゃに痛かった）、本陣痛は来なかった。

Sちゃんと出かけた銭湯で、知らないばあさんに「なんや、四十週なのにぜーんぜんお腹下がってきてないやないか」とデリカシーのないことを言われて発狂しそうになったり、そうかと思えば「おしるし」という、本陣痛がはじまる予兆と言われるイカの塩辛にそっくりのねばねばした出血がでろーんと膣から出てきた時には、狂喜乱舞してM先生に画像を送ったりした。M先生曰く、おしるしにテンションが上がって写真を送ってくる妊婦は一定数いるらしい。

これだけ準備万全なのに、◯ちゃんはなぜ生まれてこないのだろう。私が「ちょっと待って」と言ったから、ヘソを曲げてしまったのだろうか。私は心の中で泣いて謝った。

◯ちゃん、すみませんごめんなさい、もう何もリクエストしません。お母さんは多くを望みません。あなたが無事出てきてくれるだけでじゅうぶんです。だからできれば四十一週までに産まれてきてください、早く、早く、早く。

私の声が聞こえているのかいないのか、◯ちゃんは腹の中でグルングルンと動き回り、ドコドコと蹴った。彼女が何を考えているのか、どうして出てこないのか、まったくわからなかった。

最初の頃、M先生がふと漏らした言葉が繰り返し頭の中に浮かんできた。

「お産ってのは、出てくるまでどうなるか、だぁれもわからん。けど出てきた赤ちゃんを見たら、どうしてそういうお産になったのか、ぜぇんぶわかる」

妊婦、大文字山に登る

四十週五日。あと二日で病院出産に切り替わるという日、M先生は言った。

「願掛けも込めて、大文字山に登りましょう」

M先生曰く、登山の体の動きが陣痛を引き起こすのによいらしく、山に登ったあとに産気づく妊婦は多いのだそうだ。

二月の寒い山を、私はM先生とM先生の息子さんと夫とともに、腹の痛みと腰痛と息切れとで、ヒイヒイ言いながら登った。

ここ数日、私と夫との仲は険悪だった。あまりに産まれてこないので、私は東京の鍼灸のA先生にLINEで相談をしていた。A先生は言った。

M先生には、できることを何から何までしていただきました。夫

「セックスしたら良いと思います」

なるほど、と私は思った。というのも、精子には子宮を収縮させる効果があり、臨月の妊婦の間では「お迎え棒」と言って陣痛を起こすために夫と（に限らないが）セックスするのはポピュラーな方法なのである。

私は夫に「お迎え棒」を入れるよう頼んだ。妊娠九ヶ月くらいから、夫は◯ちゃんのことを気にしてセックスを控えるようになっていた。頼んだ時も、夫は「えぇー」と言った。

「だって、◯ちゃんの頭が触れるくらい近くにあるのに、俺のちんちんが当たっちゃうよ」

うるせぇ、ナイーブな野郎だ、と私は思った。この時の私は陣痛が来ない焦りで気が狂いそうであり、夫への気遣いなどはすっかり抜け落ちていた。夫は渋々二回セックスに応じたが、三回目の時に爆発した。

「なんか！　俺のちんちんが陣痛を引き起こすための道具にされてる気がする！　嫌だ！　俺はみゆきさんと愛のあるセックスがしたい！」

夫は普段からとても紳士で、◯ちゃんが女児だとわかってからは私の尻を触るのにも「お尻を触って良いですか」といちいち聞くようになった（お腹の中の◯ちゃんが聞いているため）ほど、性的同意にコンシャスな男である。本来であればそれを尊重するべきだが、しかしこの時の私にとっては、夫の人権とちんちんよりも◯ちゃんが四十一週より前に出てくることのほうが何億倍も大事だった。

もとはと言えば夫を出産に立ち会わせたくてこれだけがんばっているのに、こいつはそれを本当にわかってんのか。私の多大な苦労に比べたら、ちんちん入れて精子をピュッと出すくらい、楽なもんではないか。

「お前、何もしとらんやろが!!」

私も爆発した。私たちは久しぶりに龍と虎になり、私は夫に向かって手元にあったＭａｃＢｏｏｋ Ａｉｒを投げつけ、夫婦仲は出産を目前にして冷え切った。

しかし、こうして二人で肩を並べて山に登っていると、そんなことはどうでも良くなってくる。

夫は夫で妻の願いを叶えるために慣れない土地にやって来て、並走するために必死なのだ。出産前のこの貴重な時期を一緒に過ごしてくれる夫でよかった。山登りに付き合ってくれる夫で良かった。
っていうか、それよりおかしくない？　私、臨月で陣痛が今にも起こりそうなのに、今、山登ってるよ。アッハッハ、アッハッハ……。

とうとう山頂に着いた。山のてっぺんから見下ろす、京都の街の景色は清々しく、美しかった。

いったい自分のどこにこれだけのエネルギーが残っていたのだろう、と驚いた。こんなにハードな行為に耐えられたのだから、この先のお産でどれだけ大変な目に遭っても乗り越えられるだろう、という気がした。

冬の午後三時頃の霞んだ西日を眺めながら、M先生が握ってくれたおにぎりを五個食べた。その日の夜も結局陣痛は来なかった。Sちゃんに教えてもらった「陣痛引き起こし体操」を死ぬほどやりながら、四十週の最後の日は過ぎていった。

「コロナ陽性です。これから隔離入院になりますので大至急病院に来てください」

そう、知らない番号から電話がかかってきたのは、四十一週一日の夜、スーパーで翌日からはじまる入院のための買い出しをしていた時だった。

ROUND 10

わっしょい!! 出産!!

40週

まさかのコロナ陽性

「先ほどK病院でＰＣＲ検査を受けましたよね？　陽性の結果が出ました。妊婦で陽性者は隔離入院となりますので今すぐK病院に来てください」

電話の相手は京都市の保健所だった。私はほんの数時間前、K病院の検査室で鼻の穴に突っ込んだ死ぬほど痛い綿棒のことを思い出した。K病院への入院が決まり、妊婦健診を受けにゆき、看護師さんに「一応ねっ」と言われながらＰＣＲ検査を受けたのだった。それでもまだ、相手が何を言っているのか理解ができなかった。

相手は早口かつきわめて機械的にこれからの手順について話した。私はそれを、

びっくりでした。いよいよ出産。読者の皆様には、じっくり楽しんでいただきたいので、私のコメントは少し控えます。それではどうぞ！夫

スーパーのカゴを手にぶら下げたまま、店のど真ん中で棒立ちになって聞いた。

「ご家族や同居人にはいっさい接触しないように」

そう告げて、電話は切れた。

私は自分の額に手を当てた。


熱、ない。

咳も喉の痛みも息苦しさも、ない。

二日前に山に登った時から何一つ体調に変わりはなく、絶え間なく続く前駆陣痛で死ぬほど腹が痛いことを除けば完璧に平常運転、むしろ好調である。


それなのに……陽性？　私が？

信じられなかった。知らない誰かのデータと取り違えているんじゃないか、と思った。じゃなかったらこんなに元気なはずがない。

カゴの中にはこれから夫と最後の晩餐で食べるつもりだったスペインサラミとスイスチーズ、ソーセージとサーロインステーキとクロワッサンとがんもどき、また明日からの入院に備えてプリングルズサワークリーム&オニオンとハリボーグミと梅こんぶが入っていた。理想のお産はできなかったけどしょうがない、美味しいものでも食べて明日からの入院を乗り切ろう、と気持ちを立て直したところだったのだ。私は急いで店を出ると、夫に電話をかけた。

「私、コロナ陽性なんだって。いったん入院のためのカバンを取りに戻るから、家から出てて」

世界のすべてに透明な水の膜が張ったようで、何一つ現実感がなかった。運が良かったのは、もうすでに入院のための荷造りを終えていたことだった。

家に帰ると、しんと静まり返っていた。Sちゃんは夜勤でいなかった。明かりのついていない居間でトランクを閉め、運び出し、玄関の鍵を閉めた。

いまだに起きていることが信じられなかった。まさか、こんな終わりは予期していなかった。いったいいつ感染したんだろう、とぼんやり思った。山に登った時か。ランニングした時だろうか。病院に着いて、やっぱり間違いでした、と言って帰されるんじゃないか、と夢想した。

これからどうなるのか、まるきりわからなかった。京都府の感染者数は東京よりずっと少なく、私は京都行きを決めた時も「東京よりコロナ感染のリスクは少ないし、いいかもなあ」とすら思っていた。今思えば、迂闊《うかつ》だった。

私はエイリアン

K病院は京都市内から車で三十分程度の山の中腹に建っていた。要塞のように巨大な総合病院で、M先生の助産院と比べると、まるでゾウとネズミだった。着いた時にはあたりは真っ暗で、人一人おらず「シカ注意」の看板が立っていた。夜間入り口にはぼんやりと常夜灯が点っていて、あそこを目指して歩けばいいとわかっていても、どうしても足が向かない。

誰もいないだだっ広い駐車場を、私は重たいトランクを持ったままあてどなくぐるぐると歩いた。時間が経つごとに、もやもやと割り切れない思いが頭の中に渦巻いた。

このままもし私が逃げ出したら、いったいどうなるんだろう？

娘と二人きりになれる場所に行きたい。

誰の事情も社会的算段も、なぁんも勘定に入れず、自分の好きなように産めたらどんなにいいだろう。けど、その先のことを考えたら、またM先生の立場を考えたら、そんなことは無理だ、とわかっていた。私は今、管理されるべき人間、社会的にはいっさい自由のない人間だった。第一、もしそんなことをしたら、私のお腹の中の娘は、いったいどうなるだろう？

四十五分後に病院から、「まだですか」と電話がかかってきて、私は意を決して病院の入り口をくぐった。

院内に入ると、宇宙服を着た人が待ち構えていてギョッとした。看護師だった。真っ白いビニールの防護服を頭まですっぽりと被り、サンバイザーのようなひさしで顔を覆っていた。病院の制服の上に防護服を着ているためにモコモコと着膨れしていて、宇宙服のように見えるのだった。目だけがかろうじて見える、顔も名前もわからないその人は「これから隔離病室に向かうのでこれに乗ってください」と告げた。

そこにあったのは、人一人入れるほどの大きさの巨大なカバーで覆われた車椅子だった。

私はそのものすごくヘンテコな乗り物をまじまじと見た。

これまでに見たことも、聞いたこともない乗り物だった。山に登れるほど元気なのに、車椅子に乗らなければいけないことが、とても奇妙に感じられた。

乗り込むと、看護師がブルーシートのような分厚いカバーを頭からすっぽりとかけ、サイドのジッパーを閉めた。真っ暗になり、何も見えなくなった。ガラガラガラと派手な車輪の音が響き、角を曲がるごとにぐにょんぐにょんと私の体は大きく揺れた。されるがままだった。昔、アフリカの野生動物のドキュメンタリーで見た、レンジャーがチーターを捕獲するためにブルーシートで覆って動けなくするシーンを思い出した。まるで自分が無力な、何の決定権もない、他人にいいようにされるしかない人間になったように感じた。

どれぐらい乗っていただろうか。エレベーターに二回乗り、長い長いぐねぐねする廊下を曲がり、しばらくしてドアの開く音がして「病室に着きました」と声が聞こえた。ジッパーが開き、車椅子から降りると、そこは六畳程度の、こざっぱりとしたごく普通の病室だった。

そこからは忙しかった。私はベッドに寝かせられ、ＮＳＴを取られたり、採血されたり、血圧を測られたりした。何人かのスタッフが病室に出入りしたが、全員宇宙服のような防護服を着ているので、やはり顔も名前もわからなかった。

みんなエイリアンだ、と思った。同時に、自分も相手からするとエイリアンなのだ。

「これから七日間、隔離になります。この部屋からいっさい出ることはできません」とエイリアンのうちの一人が言った。

「あの」

私は聞いた。

「コロナだと帝王切開になるって聞いたんですけど、どうなんですか」

この頃、東京ではあらゆる妊婦がコロナ感染を恐れていた。臨月の妊婦が感染した場合、医療スタッフに感染させるリスクを下げるために短時間で終わる帝王切開になる病院がほとんどだった。

「うちの病院では、コロナ感染の妊婦さんは原則様子見ですね」と彼女は言った。

「陣痛が来た場合や、医療的な措置が必要だと感じた場合のみ、主治医の先生が判断を下します」

「もし隔離期間中に赤ちゃんが生まれたらどうなるんですか？」

「その場合は、お母さんと一緒にいると赤ちゃんにもコロナ感染するリスクがあるので、赤ちゃんにはお母さんの隔離期間が終わるまで会えません。新生児室で私たちがお世話します」

看護師の説明によると、私はあと七日間、つまり四十二週ゼロ日まではこの病室から出られない、とのことだった。

つまり、もし明日お産が進んで赤子が出てきた場合、私は産まれてから六日間は赤子に会えないということだった。しかし、もし産まれずに四十二週に突入し、隔離が解除されたところで、四十二週というのは〝過期産〟に該当し、羊水が減ったり、臍《へそ》の緒が古くなって血液がじゅうぶんに回らなくなったりして、赤ちゃんにトラブルの起きるリスクが上がる。そうなると帝王切開になることが多い、ということだった。

早く産まれたら隔離。
遅く産まれたら危険。

どちらになったとしても、私と赤ちゃんにとっては全然良くないことのように思えた。早く産まれて欲しくもないし、遅く産まれて欲しくもなかった。どちらがマシなのか、今の私には何も判断がつかなかった。

彼らの言う様子見というのがどういう意味なのかよくわからなかったが、結局のところは自然の流れ（自然というのがもはやなんなのかわからないが）に任せるしかなさそうだった。

そのうち、この病室の担当助産師だという女性が入ってきた。彼女もまた、全身防護服に身を包み、顔に分厚いビニールをかぶせていて、宇宙人だった。

彼女は入ってくるなり、私が机の上に置いた何冊かの本のうちの一冊を手に取ると、「キャハ！　私、この作家さんの大ファンなんですう」と言った。

「え、あ、そうですか」

「そうなんですう。私、この人に会いに東京のサイン会にまで行ったんですう」

そう言うと、彼女はどれだけその作家を愛しているか、どれだけ彼の書くものがすばらしく、彼がサイン会で素敵だったかについて語りはじめた。

いや、ここ、隔離病室なんですけど。

感染対策のため他のスタッフはばたばたと足早に出て行ったのだが、彼女だけは居座り続け、べらべらと話し続けた。いきなり隔離病室にぶち込まれた私を、なぐさめているつもりだろうか。

「東京といえば、私、よく行くんですよお。三軒茶屋に美味しいパン屋さんがあってえ」

いつの間にか彼女の話題は「東京の美味しいパン屋ランキングベスト10・私調べ」に移っていた。

帰ってくれ、と思った。さっきまで一人で不安だったが、これならいないほうがマシだ。

腹の中のムエタイ

〝彼氏と行った忘れられない東京の中華料理屋〟の話を終え、ようやく彼女が出ていった。病室は静かになった。

私はベッドに寝転び天井を見つめた。怒涛の展開に、心も体もまったくついてきていなかった。病室はものすごく乾燥していてあらゆる粘膜がガビガビで、呼吸するたびぱりぱりと口の中から音がしそうだった。一般病室であれば蒸しタオルやら加湿器やらを持ち込めるのだが、隔離病室のため、それも難しいという話だった。

暖かく湿った薄暗い部屋、柔らかい布団、こぢんまりとした、高級ではないが居心地のいい建物。ほんの一ヶ月前までは、そんな環境で顔も名前もわかる人たちに囲まれて産めると信じていたのに。

京都に来なければよかったのだろうか。夫に立ち会ってもらいながら産みたいと、そう思わなければよかったのだろうか。おとなしく東京で一人で産んでおけばよかったのだろうか。考えても意味がないことを、落ち込むとわかっていても考えざるを得なかった。

まったく眠れず、私はぐるぐると考え続けた。

その間もお腹の痛みは絶え間なく続いていた。意外なことに、痛みはこの病室に入った途端、急激に強くなっていた。当たり前だけど、この病院に来たということは、他のあらゆる可能性、たとえばうっかり街中で陣痛がはじまっちゃうとか、一人でいる時に赤ちゃんが危ない状態になるとか、そういう可能性がいっさいなくなったということなのだ。それをお腹の子は知ってか知らずか、安心したのかわからないけれど、昨日までは不規則かつ、気まぐれだった腹の痛みが、ドンドンドコドコという、東南アジアの音楽のリズムに乗るような感じで、だんだんと規則正しく、強くなっていた。

四十一週二日。夜が明ける頃には痛みはますます激しくなっていた。この頃には「スイカ割りの棒でめった打ち」から「ムエタイ選手のヒザ蹴り」に変わっていた。十秒にいちど、私の腹に向かって全力で蹴りをぶち込む世界最強のムエタイ選手の顔までが見えるようだった。丸まっても伸ばしても、立っても座ってもこの痛みは消えなかった。痛すぎてもはや何も考えることができなかった。どうしたら良かったとか、こうしたら良かったとか、もはや関係なかった。

助けてください神様、私なにかしましたでしょうか。今すぐ骨盤を一八〇度開閉式にしてください。もしくは膣を土管ぐらいに広げてください。もう一生、元に戻らなくても良いですから。

助産師が時折NSTを取りに部屋に入ってきた。シャープペンシルで殴り書いたような波形のグラフを印字した紙がダラダラと機械から吐き出され、病室の床に溜まった。NSTを見た助産師は「えっとぉ、本陣痛の時にはこのグラフが一〇〇とかになるんですけどぉ、オノさんの場合は五〇とか四〇とかなんでぇ、まだまだですねぇ」と言い、さっさと帰っていった。

五〇！　気が遠くなりかけた。早く終わって欲しいという思いと、これが一〇〇になったらいったい自分はどうなってしまうのだろう、という恐怖、しかしここで生まれてもあと六日間は娘と会えないのだから、それだったら少しでもお腹にいて欲しい、という気持ちが頭の中でぐちゃぐちゃになり、濁流のように渦巻いた。すべてがダウナーで、希望が見えなかった。

どんなに待っても待っても痛みしかやって来なかった。瞬間という瞬間、今ここにある私という生の、どこを切り出しても痛みがぎっちぎちに詰まっていて、これまでどうやって生活してきたのかすら忘れそうだった。夜中も断続的に痛みが起きるので眠れず、かといって体のほうは疲労困憊、強制的に意識をオフにしようとするがそのたびに痛みで起こされるという、拷問のような時間が永遠とも思える間続いた。娘が心配であったが、今のところ、娘は私の苦労を知ってか知らずか、ぼこぼこと変わらず激しく胎動しており、大丈夫そうだった。

暇と痛みの二重苦

四十一週三日目。ムエタイの選手は二人に増えていた。嘘のようだが、この頃にはだんだん慣れてきていて、「今すぐこの痛みを止めてくれ」と願う一方で「これが平常運転でも、どうにかまあ、いけるな」ぐらいの気持ちになりはじめていた。焼け石に水レベルだが少しだけ痛みの和らぐポーズを発見し「私、もう陣痛攻略したわ」とあとから見ればぶん殴りたくなるような文言を夫に送ったりもしていた。

人は急な痛みには耐えられないが、坂道をゆっくりと上るようにだんだん増してゆく痛みには慣れるようにできているのだ。

痛みに慣れると、「暇」のほうが勝ちはじめる。暇なうえに、痛い。暇だ。痛い。暇だ。痛い。私は檻に入れられたチンパンジーのように、狭い病室の中をウロウロと彷徨《さまよ》った。病室の廊下側の窓からはあくせくと動き回る、防護服を着ていない看護師や医者の姿が見え、ああ、ここはきちんと病院なのだ、と窺い知ることができたが、依然として自分が今どこにいて、どういう状況なのかは理解できなかった。隣の病室からは絶えず激しい咳が聞こえてきて、私は恐ろしくなった。おそらくそこの病室にも、コロナ感染した妊婦が入院しているのだろう。私は無症状だから良かったものの、重症化した症状に耐えながらお産を迎えるなんて、いったいどれだけつらく、不安なことだろう。

朝食を食べ、またしばらく腹の痛みに耐えていると、不意に股の間から多めの尿が漏れたような、けれどもっとサラサラとした何かが染み出す感覚があった。

破水じゃん、と直感的に思った。

ナースコールを押すと、ベテラン風の、いかにも頼れそうな雰囲気の年配の助産師がやってきた。彼女はさっと内診をして、「うん、破水やね」と言った。

破水、と聞いて思い浮かべる、股からじゃーっといきなり水が出てくるのとは違い、私のは高位破水といってお腹の上のほうで破水しているため、ちょろちょろとしか漏れ出てこないそうなのだった。

破水したらどうなるの、と聞くと、彼女はからからと笑いながら、「安心しい、通常の分娩と一緒で七十二時間経過観察よ。七十二時間経っても赤ちゃんが産まれてこなければ何らかの処置になります」と言った。

分娩室に向かう

私は心の底から安堵した。

七十二時間、つまりあと三日間はノー処置、ということは、あと三日間は自然の流れに任せて粘れるとのことだった。もし七十二時間後に帝王切開になったとしても、隔離期間は短くて済む。この地獄のような痛みが七十二時間続くとしても、赤ん坊と会えないよりはましだ。痛みに身悶えつつも、私は心の中でガッツポーズを繰り出した。

「あと七十二時間、あと七十二時間」

念仏のように唱えながら、一分が一時間のように感じられる痛みに私は耐え続けた。ダウナー一色だったこの隔離生活に、一筋の光が差した。一日は二十四時間、一時間は六十分、六十分は三千六百秒、限りなく分割した時間のマスを極細のシャープペンシルで一つ一つ塗りつぶしていくような途方もなさ、それに対する「まじ？」と、それでも終わりがあるのだという希望が行ったり来たりし、こうしていればなんとか耐えられるような、耐えられないような、いけるかもしれないが到底いきたくないような、そんな気分一色で、私はひたすら一人、拷問のような痛みに向き合い続けた。午後三時頃、急にナースコールが鳴るまでは。

「先生が分娩室に来てって言うてはります」

恐ろしく聞き取りにくい声で、誰かがそう言った。

「はい?」

聞き間違いかと思い、私は聞き返した。

「とにかく行くことになりましたから。あとで説明します」

ナースコールは切られ、光の速さで例の車椅子が運ばれてきた。

「はい、これ今すぐ乗ってね。あ、お産に必要なものは持っていって」

状況が飲み込めなかった。

変わらずNSTは五〇のあたりをうろうろし続け、痛みは変わらず、私も赤ちゃんも何も変わったところはない。わけがわからないまま私は再びコロナ感染者用の車椅子に乗せられて、ゴロゴロと転がされていった。スマホだけを握りしめて。

分娩室はやたらだだっ広い、バレーボールコートくらいあるガランとした部屋だった。中央にポツンと舞台装置のように分娩台があった。聞けばコロナのせいで立ち会いがなくなり、夫など付き添いの人が待機するためのソファや椅子が撤去されたため、こんなに寒々しい空間になっているとのことだった。あっという間に私は分娩台の上に乗せられ、産婦人科の先生がやってきた。

「今から陣痛促進剤を入れます。ただし、あなたはコロナ陽性者なので、医療スタッフの感染を防ぐために、二時間経ったら帝王切開に切り替えます」

私は分娩台の上から転げ落ちそうになった。

「先生、あの、朝、助産師さんが七十二時間は様子見って言ったんですが」

先生は首を傾《かし》げ、

「うーん、でも、破水するとお腹の中の赤ちゃんと外の世界がつーつーやってん、赤ちゃんも感染のリスクが上がるから、早めに出したほうがええよ」と言った。

つーつーって、何?!

続けて先生はチラッと時計を見ると、

「ほんで、あと二時間したら十七時になってスタッフが帰っちゃうからさ。できるだけたくさん人がいるうちに出したほうがいいから、二時間後には帝王切開になります」


これかーーー!!


私は心の中で絶叫した。Sちゃんがその話をした時も、私はせんべいをボリボリ食べながら他人事のように聞いていたのだ。

「え、けど、先生、私の子宮口、三センチから開いてないんですけど、あと二時間で生まれるなんてことあるんですか？」

私は聞いた。「うーん」先生は首を傾げた。

「けど、もう、産科の部長も小児科のセンセも、全員一致で『今がいい』言うてはるからさ」

答えになっていなかった。だったら、その人たち全員ここに連れてきて欲しい。

「先生、あの、できればもう少しだけでも粘りたいんですけど」

私は恐る恐る言った。その途端、先生はカッと般若の顔になると、「オノさんっ！　お腹の赤ちゃんを危険にさらしてもワガママ言いたいのっ？」と言った。

私が呆然としていると、先生はイラついたように、「あと五分で決めて。時間ないから」と言い、分娩室から出ていってしまった。


七十二時間の猶予が急に五分に！

気が動転しすぎて判断のしようがなかった。二時間はいくらなんでも短すぎる。せめて助産師が私の部屋で無駄話をしていった分くらいは上乗せして欲しい。

そもそも、新生児のコロナの感染リスクがどんだけあり、そのうちの何パーセントが命の危機的状況に陥ったのかというデータもないのにそんなこと決められるわけがない。

そうだ！　夫！　夫に電話しよう！

夫なら何かしらの解決策を思いつくかもしれない。そう思い、スマホを取り出した。

分娩室は圏外だった。私はここが山の中であることをすっかり忘れていた。何もかもがダメだった。痛みとパニックと焦りと怒り、それらに翻弄され、何一つ最善の手を打つための策はなく、どうしたら良いかわからなかった。わからないけれど、一つだけわかることは、もう私がこの状況で分娩室から出て再び病室に戻る選択肢はないということだった。

医学的にはまったく筋が通っていると頭ではわかっていても、何一つ納得がゆかず、情緒がついてゆかなかった。私はべつに、言うことを聞くのが嫌なんじゃないのだ。ただ、納得していないまま物事を強制的に進められるのが、大の大の大大だい嫌い！ なのだ。スタッフのシフト以外に何一つ、今切らないといけないという理由が見当たらず、どんな話し合いによって七十二時間がたったの二時間になったのか何の説明もないまま腹を切るカウントダウンがなし崩し的にはじまっていることが、ど・う・し・て・も！ 嫌なだけなのだ。

しかし私は今、バレーボールコートにたった一人で放置されている無力な妊婦だった。我々の、何より娘の生殺与奪の権を握っているのはあの先生かもしれず、彼女の言うことに従わずに赤子の命に危険が及ぶとしたら、それこそ本末転倒ではないか。何より、腹が痛すぎてこれ以上考えるのは限界だった。

先生が戻ってきた。

私は言った。

「陣痛促進剤を入れてください」

本陣痛と開かずの子宮口

さっそく点滴が打たれはじめた。数分後、お腹の底のほうから、わっしょい、わっしょいと突き上げられるような痛みが襲ってきた。

「ぎゃあーーーっ！！！」

私は叫んだ。お腹をムエタイ選手に膝蹴りされながら、三六〇度方向から肉切り包丁でめった刺しにされるような痛みだった。

M先生がこれまでの痛みを「前駆陣痛に毛が生えたようなもん」と言っていた意味がやっとわかった。「スイカ割り棍棒」はただのアップだし、ムエタイ膝蹴りはただのリハである。この痛みこそが、鼻からスイカとか、指を切断とか、経産婦があらゆる比喩で表現する、正真正銘の「陣痛」なのだった。

先生と助産師さんは、「では、感染リスクを下げるために我々は退席しますんで」と言い、そそくさと出ていった。

医療的にはまったく正しいが、妊婦的には、また気持ちのうえではオールアウトだった。私は再び一人になった。とんでもなく孤独だった。

打撲から打撃、そして刺傷とあらゆる痛みのバリエーションが全部いっしょくたにやってきたような、痛みの大感謝祭、痛みの年末大セール。これまで散々聞かされてやってきたイメトレとか覚悟とか、あらゆるものをピューンと走り幅跳び的に飛び越えてしまうようなその超越ぶりに思わず笑いそうになるほどの出産の現実が、全方向から私にぶつかり稽古していた。腹はぱつんぱつんに張り、外へ向かってとめどなく拡張しようとする力と、それを外側から握り潰すように押しとどめる力、その二つの拮抗が引き起こす骨格、内臓、体のあらゆる部位を粉砕するような、どうにもできない衝撃が休むことなく私を翻弄した。よく、陣痛には波があり十分間隔で強くなったり弱くなったりすると聞くが、全っ然そんなことはなく、常にみちみちに隙間なく、息を吸う余裕もないほど全力で痛かった。

出産前、あえて無痛でなく普通分娩を選んだ私を見て、一児の母である作家の友人は宙の一点を見つめて言った。

「私も物書きとして、出産の痛みを味わっておかなきゃ、と思って通常分娩を選んだんだけどさ」

遠い目。

「産んだ直後にはもし次があったら絶対無痛にする、って思ったね」

私は今、心の中で叫んでいた。

「無痛にしてくれぇーーーーっ!!!!」

妊娠したばかりの九ヶ月前に戻りたい。

もし私がタイムマシンを持っていたら、速攻で乗り込み、あの頃の私に会いにゆき「お願いだから無痛にしてくれ。痩せ我慢すんな。現代医療は最高だから」と説得するだろう。これまでの十ヶ月分の苦労をまるっとまとめて束にしても、なおも打ち勝てないほどの痛みが、このわずかの間にすでに起きているのである。

それからの時間が途方もなく感じられた。

一分一秒でも早く終わって欲しいという思いと、もうまじで、本当にほんの少しでも二時間以内に終わる可能性があるのなら、できるだけ時間、経って欲しくない、という気持ちがぶつかり合い、しかし、この「一分一秒逃さへんで」という痛みがその二つの隙間を容赦なくぐりぐりと埋め尽くしてゆく。

先生が戻ってきた。

先生はNSTを見てふんふん、と頷き、「いい波、来てるね」とサーファーのようなことを言った。

が、次にさっと股に手を突っ込むと、「うーん」と首を捻った。

「ぜーんぜん、開いてないね」

愕然とする私を前に、先生はこう言った。

「あと一時間くらいあるんですけどぉ、全然赤ちゃん降りてきてないのとぉ、じゃーっかん、心拍落ちてるんですねぇ。今切ったほうがいいと思うんですけど、どうします？」

最後の悪あがきで私は聞いた。

「あの、あと一時間経って、子宮口が全開になる可能性って、どんぐらいありますか？」

先生は即答した。

「正直、厳しいわ」

私も即答した。

「切ってください」

負けた。

先生はなにやら電話のような機械を手に取ると、オペがどうのこうの、と囁いた。

その途端。

バァン！　と分娩室のドアが開き、わらわらわらわらーっと十数人の人々が雪崩れ込んできた。皆、一様に防護服の下に、この病院の助産師のユニフォームである真っ赤な術衣を着ていた。そのあまりの揃いっぷりに、私は朦朧とした意識のなかで（女子十二楽坊……）と呟いた。

「私」の出産

あれよあれよという間に私は裸に剥かれ、手術台の上に寝かされた。

私が一人でいた時とは、分娩室の空気が明らかに変わった。すべてを完璧にコントロールされた何か、たとえばオーケストラの演奏とか、練習に練習を重ねた神輿《みこし》とか、そういう何かがはじまる直前の厳かで、けど華やかな熱気が部屋に満ちた。

がちゃがちゃと麻酔の機械らしき箱が運ばれてきた。

「はい！　丸まって！　もっと！　エビちゃんになって！」と耳の近くで年配の助産師が叫んだ。蛯原友里を思い浮かべたが、そっちのエビちゃんではなかった。麻酔が失敗することが怖かったので、私は全力で背を丸めた。ぷすっと太い針が入る感触があり、ほんの少し経つと、スゥッと痛みが嘘のように引いていった。

仰向けに寝かされたまま手をバンドで固定され、胸の前に衝立《ついたて》が置かれ、顔の上にブルーシートのような何かが被せられると、視界は真っ青になり、何も見えなくなった。

「どうですか？　これ、感じますか？」

すでに何も感じなくなっていたが、局所麻酔が効かないと困るので私は必死に
「痛い！　痛い気がする！」と叫んだ。

「え、まだですか？」

「なんかある気がします！　なんか、なん」

「はい、執刀します」

叫び終わるか終わらないかのうちに低い男の声が聞こえ、腹に何かが刺さる感触があった。すでに手術ははじまっていた。

手術の直前、私はエビちゃんの助産師（七十二時間待てますよ、と言った人だ

った）に「赤ちゃん、一瞬でも見れますか？」と聞いた。助産師はニッコリして「うん、二メートル離れたところからなら見られるよ！」と言った。

よかった、これでひと目も見られないまま、赤子と離れ離れになるという事態は避けられる。

聴覚だけがものすごくはっきりとし、メスを金属のトレイに置く音や、咳ばらいの声は耳に入る。けど、体はゴム人形になったようで何の感触もない。

空間のすべてがとろみのついた液体で満たされているような曖昧さ加減で、何一つ実感がなく、何が起きているのかわからなかった。一方、胸より上に緊張やら不安やらが爆発しそうに渦巻き、私は青い世界で目をぎゅっと閉じた。一人の不安はあったが、娘の命に対する不安は不思議となかった。娘は元気に生まれてくる、という確信が、なぜか私の中に満ちていた。

手術がはじまってから五分ほど経っただろうか。不意に誰かが「赤ちゃん出まぁす！」と甲高い声で叫んだ。

どっすん！

その途端、もんのっすごく強い衝撃が腹に加わり、私はえずいた。誰かが腕に全体重をかけ、肋骨の下あたりをぐいぐいと押していた。衝立のすぐ後ろから男性のものらしき「ふん、ふん」という鼻息が聞こえ、ラグビーのタックルのような衝撃が絶え間なく続いた。

指の腹で残りを押し出される歯磨き粉のチューブになったような気分で、私は（赤ちゃんってそうやって出すんだ……）とぼんやり思った。「手術」と聞いて思い浮かべるシュッとしたイメージより、どっちかというと「柔道」とか「巨大マグロの解体」のほうに近かった。

赤ちゃんはなかなか出る気配がない。

もう少しです！　もう少しですっ！　という声が聞こえ、ふんっ！　ふんっ！　が強くなり、気道が押されて呼吸ができず意識が遠のきかけたその時、

「おぎゃあー！っっ‼」

張り裂けんばかりの声が足のほうから聞こえてきて、その途端、ピリッとしていた手術室の空気が一瞬のうちにピンクの、ほわっとした丸いものに変わるのがわかった。

「生まれました！　元気な女の子です！」

誰かが叫ぶ声が聞こえ、次いで、
「おめでとうございます！」
「おめでとうございます！」
と皆が口々に叫んだ。

パラパラと拍手が聞こえてきて、その途端、喉も目も皮膚も、あらゆるところがからっからにひからびているにもかかわらず、こんこんと涙が溢れてきて、私は驚いた。
あらゆるものが終わった、終わってしまった、という解放感と後悔、娘が生まれてきたという喜びが全部分け隔てなくぐちゃぐちゃにやって来て、一方、そういうブワッと湧き上がってくるものとはまったくあさっての考えが脳の裏側らへんに同時に浮かんだ。

（赤ちゃんって、こんなに声、野太いっけ？）

娘の産声は、まるで野武士の雄叫びのように猛々《たけだけ》しかった。赤ちゃんと聞いて思い浮かべる、ほんにゃあほんにゃあというか細い泣き声とは一線を画していた。助産師さんが「声、おっきいねー」と言って笑った。だが、野武士でもよかった。娘は今、無事に生まれてきて、息をしている。

「さ・ん・ご・だからよ♡」

安堵に包まれながら、私は娘が二メートル離れたところまで運ばれてくるのを待った。しかし、一向に娘はやって来る気配がない。それどころか私の体はストレッチャーに乗せられ運び出されようとしている。あれ？　どうしたのかな？と思っているうちにやってきたのは、娘ではなく激烈な悪寒だった。

とにかく、寒い。

寒すぎて息ができない。

「こっ呼吸がっ、呼吸ができませんっ」と私は酸素マスク越しに叫んだ。助産師さんが慌てて機械をがちゃがちゃといじった。震えで体がばいんばいんと跳ね、ストレッチャーがガタンガタン！　と音を上げた。何人かがかりで体をバンドで拘束され、ツタンカーメンのように両手を胸の前でクロスした状態で私は病室に運び込まれた。歯ががちがちがちがちと音を立て、まともにしゃべれなかった。手術前には思わなかったのに、この時初めて「私、死ぬんじゃないかな」と思った。

助産師が痛み止めの点滴を入れようとするが、寒さで血管が収縮しているせいかなかなか刺さらない。しまいには二人がかりで取り掛かり、八回も刺してやっとのことで点滴が入ったが、その間も私の体はマグロのように跳ね続けていた。相変わらず下半身はなんの感覚もなく、力も入らず、帝王切開の傷の痛みよりも点滴の針を刺した跡の痛みのほうがじくじくとリアルで、私はしばらく青タンだらけになった腕を呆然と眺めた。

再び、隔離病室に一人で取り残された。しばらくすると、感動の涙とは異なる涙がとめどなく溢れはじめた。

本来だったらこの腕でしっかりと娘を抱きしめていたはずなのに。私はツタンカーメンだし、腹には穴が開き、娘には会えなかった。とにかく全身くたくたで、もう二度と起き上がれない気がした。娘は今頃どうしてるだろう。一人放置されて泣いてはいないだろうか。不安がこんこんと湧きあがり、ナースコールをかけたかったが、手を伸ばすこともできなかった。

私は怒っていた。怒りながら泣き続けていた。己のリスク管理のなってなさと、娘への申しわけなさとで。しかし、悔やんだところで娘にはあと五日間、夫には一週間会えないのである。

そのうち、M先生からLINEが届いた。K病院の先生から連絡があったらしい。私はM先生に伝えた。

「M先生、悲しくて涙が止まりません。どうしたらいいでしょうか」

先生からすぐに返信があった。

「オノさん、それはね、さ・ん・ご・だからよ♡」

先生によると、出産直後の女はこれまで分泌していた大量の女性ホルモンが急激に失われるため、泣き叫ぶ、怒り狂うは日常茶飯事なのだそうだ。

「産後の女のメンタルはジェットコースター！ 私なんかね、一週間は泣き続けましたよ。ちゃんと体が変わってくれている証拠です。順調、順調！」

ホルモン、またお前かよ。そう思いながらほっとした。私だけじゃないということが、どれほどの安心になることか。

私は陳腐で凡庸な妊婦だ。

いや、違った。
もう妊婦じゃなかった。
どこにでもいる、ありきたりの女だ。

でもそれでよかった。それがよかった。

長い長い月日を越えて、私はありきたりな、ただの一人の女に、やっと戻ったのだ。

隔離された産後の五日間

それからの五日間を私は一日千秋の思いで過ごした。人生でもっとも長い五日間だった。傷口は死ぬほど痛く、激烈に喉が渇き、むくみで足首はなくなっていた。子に会っていないこともあり、まったく産んだ実感はなかった。最初のうちはめそめそとしていたが、先生の言うとおり、数日も経つとだんだん落ち着きはじめ、実感がないのをいいことに、この五日間をエンジョイしてやろうという気になった。

どうせもうすぐ、過酷な育児がはじまるのである。だったら残りのわずかな一人の時間をエンジョイしてやろうじゃないの。あれだけの怒涛の日々を耐え抜いてきた妊婦、いや、元妊婦だ。転んでも、タダで起きてたまるか。

SちゃんにプロジェクターとNintendo Switchを差し入れてもらい、病室の壁にデカデカと投影し、大画面で夫とマリオカートの通信対戦に興じた。入ってきた助産師は驚いた顔をしていたが、もはやこの哀れな元妊婦に苦言を呈するものはいなかった。

あの「東京のパン屋ベスト10」の助産師は、私が暇そうにしているのをいいことに、真夜中に病室に入ってきては床に三角座りで座り込み「うちな、本当は全国で性教育の講演会するのが目標なんよ」と自分の夢を語った。ここを高校の部室かなんかだと思っているんじゃないだろうか。腹が立ったが、この経験で思い知ったのは、人間、腹に力が入らなければ怒ることもできないということである。私の腹筋は断ち切られ、存在しないも同然だった。私は怒るのをあきらめ、彼女の話を聞いた。病院の口コミを再び見ると「おしゃべりな助産師がいて、夜寝かせてくれない」と書かれていた。お前かよ。

妊娠中はあれだけ食べたくてしょうがなかった甘いものがいっさい食べたくなくなり、体がどんどんしぼみはじめた。結局、出産直前までに十七キロ増えた私の体重は、産後の五日間でなんと十二キロも減った。

四日目には初乳が母乳パッドを越えてびちゃびちゃに溢れ、天の川のようにパジャマの前に二つの川を作った。赤ちゃんに会っていないのに、不思議だった。女体ってまじ、ワンダーだなと私は思った。どんな状態に置かれていても、その時本当に必要な現象を的確に起こしてくる。

本当のことを言うと、私は妊娠するまで自分の女としての体が嫌いだった。うら寂しく、単調で、すきま風の吹くような感じがしていた。こんなことなら男の体のほうがずっとラクだ、と思っていた。

しかし、妊娠してみたらまるで違った。

女の体は面白く、獰猛で、未踏のワンダーランドだった。体に振り回され、毎日の変化に驚き一喜一憂しながら、この体が呼び起こすドラマに新しい景色を見た。自分の体を、赤子と自らの手によって耕すような九ヶ月だった。これほど豊かなら、もっと早くから愛せばよかった。

ついに一般病室に移り、娘に会える日がやってきた。

「オノさん、よくがんばりましたね。赤ちゃんに会えますよ」

部屋を出るために荷物をまとめている時、カバンにつけたマタニティマークが目に入った。

「おなかに赤ちゃんがいます」

ああ、もうお腹に赤ちゃんはいないんだ。

そんな当たり前のことが、赤ちゃんを腕に包んで微笑んでいる女性の顔のマークを見た途端に沁みて、泣けてきた。

赤ちゃんは、もう、お腹にはいない。

これからは、個人と個人だ。

お腹の外に出た赤ちゃんと、一緒の世界に包まれて、四つの目でそれぞれの景色を見て生きてゆくのだ。

娘という存在

初めて会う娘は激烈にかわいく、そしてでかかった。

エコーでは三八〇〇グラムと聞いていたのに、実際には四〇三四グラムあり、頭の外周は三十五センチもあった。あまりたくさんの赤ちゃんを見たことのない私でもわかるぐらいに娘はでかく、産声がなぜ野武士だったのかを理解した。

取り上げた先生は娘をひと目見て、なぜここまで出るのに時間がかかったのか一瞬で悟ったらしい。

「でかいって聞いてたからあらかじめ十五センチ切ったけど、それでも頭がなかなか出なくてマジで焦ったわぁ」と笑いながら言っていた。

新生児室でおくるみに包まれ、寝息を立てているその生き物は、これまでの人生で何かに対して感じた「かわいい」の総量を超えるかわいさで、見た瞬間、全身の骨の一本一本、血の一滴一滴、骨髄の一液一液がスゥっとぜんぶ娘に吸い取られるような、私の人生なんかどうだっていいや、これからはこの子のために生きよう、という気持ちが何の前置きも溜めも段落もなしにすべっと湧いてきて、私はそのナチュラルさ加減、さも当たり前に自分が「母」になってしまったことに自分で驚いた。

産み方なんてもはやどうでも良かった。こんなかわいい生き物が無事産まれてきただけで、ノーカンだ、全部チャラだと思った。ここ数日のことだけでも、この十月十日のことでもなく、私のこれまでのあらゆる人生、これまで起きたすべてのことがぜーんぶ、チャラッ! と消し飛んだ。とにかくかわいい。かわいすぎる。この親のよく目というやつが、きっとこれまで人類を栄えさせてきたのだ。ホルモン、良い仕事してるじゃん。

初めて心臓が動いているのを確認した時、背骨が並んでるのを見た時、4Dエコーで顔を見た時、安定期に入った時、それぞれに安心し、それぞれに喜びが溢れたが、この十ヶ月の間、飛び石のように飛び飛びで起きてきたそれらの経験が、今やっと一本の線でつながり、人の形をして目の前に現れている。

とにかくもう、娘と自分、この二人が今ここに存在する、それだけで何もかもが素晴らしく、世界のすべてをまるごと許せそうな気がした。

「人間って作れるんだ」と改めて思った。そんな当たり前のことが、これまでの人生で知ったあらゆる事実よりも力強く、奇跡のようにフレッシュで、私は仁王立ちのまま（実際には傷が痛すぎて「く」の字の姿勢だったが）娘を凝視し続けた。

それからの三日間、私たちはこれまでの分を取り戻すようにベタベタと過ごした。

そこからは、慌ただしかった。

あらゆるスタッフが絶えず病室を訪ねて来、私を残り三日の間に母親にしようとあらゆることを叩き込んでいった。行政の手続きやらお金のことやら命名やら、産んだばかりの母親には赤ちゃんの世話以外にやらなければならないことがたくさんあるのだった。

切った腹は相変わらず激しく痛んだが、些細な問題だった。娘に乳首を吸われる痛みのほうがずっとずっと痛かったからだ。

なぜ乳首は超合金でできていないのか？ と私は生物としての非合理性にさっそく白目を剥いた。出産・育児というのは痛みとつらさを重ね塗りして感覚が麻痺してゆく過程のことだと思った。「母は強し」というが、その強さの成分は信じられないほどの痛みの集中砲火を経ての「あきらめ」と「やけくそ」のブレンドではないか。

隔離病室にいる間は宇宙人のようだった病院のスタッフも、外に出れば皆、顔かたちと名札が見え、それぞれに髪型も違い、ちゃんと名前も個性もある人間だった。

なぁんだ。と私は思った。

「多くの人に囲まれて産みたい」という私の願いは、ここでだって叶ったじゃないか。

退院の日のランウェイ

いよいよ退院の日が来た。

病棟の重たいドアを開けると夫がいた。夫はガラスのドア越しにぴょんぴょんと跳ね、手を鳥の羽のようにバタバタさせていたので遠目からでもすぐにわかった。黒い服を着た長身の男が跳ねている光景は異様で、付き添いの助産師さんが、「夫さん、面白い人やね」と笑いを噛み殺していた。

夫はおくるみに包まれている赤子を見て、「こけしだ……！」と言った。「抱っこして」と言うと、「え？　いいの？　壊さない？」と言い、赤子の頭の下に手を入れて持ち上げる時には、「失礼します」と言っていた。

抱き上げた小さな娘を見つめたまま夫はブルブルと震えはじめた。これまで経験したことのない感情が彼の背中からニョキニョキと新芽のように立ち上がっているのが手に取るようにわかった。きっとこの人の人生の、優先順位とか、意味とか目的とか、あらゆるものが今、ものすごい勢いで組み変わっているのだろうと思った。

赤子、あんたはすごい。大の大人二人の人生をいとも簡単に変えちゃうのだから。あっぱれ赤子、私たちがあんたの親だよ。不完全な二人だけどよろしくね。

大病院のくねくねと曲がる長い迷路のような廊下を、私たちはゆっくりと歩いて外へと出た。

あの、廊下を歩いている間の満ち足りた気持ち、つま先から頭のてっぺんまで、骨の髄から毛細血管のすみずみまでを満たす、充足感と、自信と、誇りに溢れる気持ちを、私は一生忘れないだろう。

心待ちにしていた瞬間でした。私はひたすら、「赤ちゃん！ 赤ちゃん！」と思っていました。しかし、無意識では妻が言うようなことだったのでしょう。皆様と本書をご一緒させていただきましたこと、素敵な経験でした。ありがとうございました。そして妻と子どもに感謝します。ありがとう。

拝㊇

「私はこれだけの、私にしかできない大仕事をした」という満足と自信が、なみなみと体に漲ってきた。これまでどれだけ仕事で認められても、小説を書いても得られなかった、自分をかけねなしに肯定する気持ちがこんこんと湧いてきて、心の隙間を埋めていった。

このために産みたかったのかもな、と思った。私は私自身を祝うためだけに子どもを産んだのだ。傲慢で、勝手で、自分に酔った感情だったが、それでもよかった。この点では、夫も、子も、関係なかった。それはすべて、私一人の、私だけのための欲望だった。

赤ん坊の放つ強力なエネルギーが私を尊大にした。私を産んだ母の気持ちが、少しだけわかる気がした。

小汚い病院の、張り紙を剝がした跡だらけの辛気臭く薄暗い廊下を、私はランウェイを歩くスーパーモデルのような、あるいは大奥に向かう廊下を歩く将軍のような気持ちで悠々と歩いた。廊下の左右から、幻の家臣たちが私に向かってうやうやしく平伏すのが見えた。

娘は私の腕の中ですやすやと寝ていた。私のイメージの中で、娘は黄金に光り輝いていた。これだけの尊い存在を、過程はどうあれ、私は腹から出したのだ。

傍から見ればありふれた出産だろう。世界中で毎日、何十万と繰り返される、平凡で凡庸でちっぽけで、取るに足らない営み。でも、それでじゅうぶんだった。私に必要だったのは、特別な経験ではなく、この取るに足らないちっぽけでありふれた体験だったのだ。

これだけ大変だったのに、すでにまたやりたくなっていた。叶うなら生きているかぎり、何回だってやってみたい。できれば無痛で。

私の内側からも光が迸《ほとばし》っていた。それは間違いなく、生まれてきたばかりの娘のための光だった。子を産んで初めて、私は自分という存在のかけがえのなさを知った。娘が私を「この世界に必要な人間」にしてくれたのだ。

今まで見ていた世界の、ズレていたピースが一つ、カチッとはまった。私は私のための存在ではなく、誰かのための存在だったのである。もしかしたら、子を産まなくても、人生のどこかのタイミングで別の形でカチッとはまったかもしれなかったが、それはきっと、まったく違う手触りの体験だっただろう。

娘、母、女、私たちの人生

外の世界は光り輝いていた。

三月の、春のはじまりが光のカーテンとなって、病院の正面玄関の扉の外に踊っていた。


すべての生命が眩しく、道をすれ違う人々全員がかわいかった。あのじいさんも、あのばあさんも、おっさんも女子高生も、あの犬も、ハトも、子どもだったことがあるのだ。そう思うとみんなかわいかった。その人たちの中に、小さな赤ちゃんの姿を見た。ベロリベロリと全員に頬ずりをして挨拶したい衝動に駆られた。完全に出産ハイだった。

今では通行人を見たくらいでは、そうはならない。電車の優先席で爆音でＹｏｕＴｕｂｅを垂れ流すガキには「どけ」と思うし、しつこく「母乳なの？」と聞いてくる見知らぬばあさんには「黙れ」と思う。けど、あの時世界に満ちていた光の片鱗を、今でもすべての人の横顔に感じることがあるし、この経験が、私をこの先も生かし続けるだろう。

出産は祝祭だった。赤ちゃんというご神体に向かい、いやおうなく人生のいっさいがっさいが巻き込まれる命の渦だった。予想より百倍大変で、百倍多様な彩りに満ちていた。

出産は祝祭だった。私を祝う私の手による私のための祝祭だった。けど、一人の祭ではなかった。地域の、社会の、身の回りの人々の人生を、ちょっとだけ変えてしまう祝祭だった。これから先、どんな世の中になっても、見知らぬ他人の祝祭の気配を肌身に感じられる社会のほうが豊かだ、と私は思う。

出産は祝祭だった。野蛮でめちゃくちゃで汗まみれで醜くて、あり得ないほどたくさんの人の手が関わっていて、自分のたった半径一メートルで起きたできごとなのに、世界がでんぐりがえった。

出産は祝祭だった。ただし、一時的な祝祭ではない。そこから敷石のように連綿と続く、日常のための祝祭だった。助走としての祝祭、入り口としての祝祭、トランスフォーメーションのための祝祭だった。

これから先、私はまた一人の女として生きてゆくが、けどもう、一人ではない。

女であることに押しつぶされそうになることも、付属する母のレッテルにうんざりすることもあるだろう。けど、女でよかった。この経験があってよかった。女は自由だ。私たちがのびのびやれる社会のほうが、どうしたって良いに決まってるじゃないか。

私たちは何にでもなれるし何でもやれる。

女であることからは逃れられないが、それぞれの生き方を通じて女であることを超えられる。社会に押し付けられる女の型から逃れ、めいめいに好きなように、自分が思う女のかたちを結べる。

何だっていいよ、女じゃなくたっていいよ。
自由なんだから。

逆説的だがこの妊娠が、私を「女ではない何か」として、社会に開いてくれたように思う。産んでも、産まなくても、この経験の可能性を肚《はら》のうちに内包する性でよかった。

わっしょい出産、わっしょい女。
どんな生き方を選んでも、私たちは最高だ。

小野美由紀 

（おの・みゆき）

作家　1985年東京生まれ。ウェブメディア・紙媒体の両方で精力的に執筆を続けながら、SFプロトタイパーとしてさまざまな企業と協業しSF作品を執筆している。著書に『路地裏のウォンビン』（U-NEXT）、noteの全文公開が20万PVを獲得した恋愛SF小説『ピュア』（早川書房）、銭湯を舞台にした青春小説『メゾン刻の湯』（ポプラ社）、『人生に疲れたらスペイン巡礼』（光文社）、『傷口から人生。メンヘラが就活して失敗したら生きるのが面白くなった』（幻冬舎文庫）、絵本『ひかりのりゅう』（絵本塾出版）など。著書は韓国やイタリア、台湾などさまざまな国で翻訳されている。

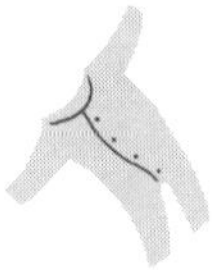

わっしょい！妊婦《にんぷ》

2023年7月12日　初版発行

著者　小野美由紀
校正　円水社
印刷・製本　新藤慶昌堂
発行者　菅沼博道
発行所　株式会社CCCメディアハウス
〒141-8205 東京都品川区上大崎3丁目1番1号
電話〈販売〉049-293-9553〈編集〉03-5436-5735
http://books.cccmh.co.jp

ISBN978-4-484-22234-9